中华精神家园

山水灵性

母亲之河

黄河文明与历史渊源

肖东发 主编 张灵芝 编著

中国出版集团

现代出版社

图书在版编目（CIP）数据

母亲之河 / 张灵芝编著. — 北京：现代出版社，
2014.7（2021.7重印）
ISBN 978-7-5143-2338-2

Ⅰ．①母… Ⅱ．①张… Ⅲ．①黄河流域－文化史
Ⅳ．①K292

中国版本图书馆CIP数据核字（2014）第160328号

母亲之河：黄河文明与历史渊源

主　　编：肖东发
作　　者：张灵芝
责任编辑：王敬一
出版发行：现代出版社
通信地址：北京市定安门外安华里504号
邮政编码：100011
电　　话：010-64267325 64245264（传真）
网　　址：www.1980xd.com
电子邮箱：xiandai@cnpitc.com.cn
印　　刷：三河市嵩川印刷有限公司
开　　本：710mm×1000mm　1/16
印　　张：11
版　　次：2015年4月第1版　　2021年7月第3次印刷
书　　号：ISBN 978-7-5143-2338-2
定　　价：40.00元

　　党的十八大报告指出："文化是民族的血脉，是人民的精神家园。全面建成小康社会，实现中华民族伟大复兴，必须推动社会主义文化大发展大繁荣，兴起社会主义文化建设新高潮，提高国家文化软实力，发挥文化引领风尚、教育人民、服务社会、推动发展的作用。"

　　我国经过改革开放的历程，推进了民族振兴、国家富强、人民幸福的中国梦，推进了伟大复兴的历史进程。文化是立国之根，实现中国梦也是我国文化实现伟大复兴的过程，并最终体现为文化的发展繁荣。习近平指出，博大精深的中国优秀传统文化是我们在世界文化激荡中站稳脚跟的根基。中华文化源远流长，积淀着中华民族最深层的精神追求，代表着中华民族独特的精神标识，为中华民族生生不息、发展壮大提供了丰厚滋养。我们要认识中华文化的独特创造、价值理念、鲜明特色，增强文化自信和价值自信。

　　如今，我们正处在改革开放攻坚和经济发展的转型时期，面对世界各国形形色色的文化现象，面对各种眼花缭乱的现代传媒，我们要坚持文化自信，古为今用、洋为中用、推陈出新，有鉴别地加以对待，有扬弃地予以继承，传承和升华中华优秀传统文化，发展中国特色社会主义文化，增强国家文化软实力。

　　浩浩历史长河，熊熊文明薪火，中华文化源远流长，滚滚黄河、滔滔长江，是最直接的源头，这两大文化浪涛经过千百年冲刷洗礼和不断交流、融合以及沉淀，最终形成了求同存异、兼收并蓄的辉煌灿烂的中华文明，也是世界上唯一绵延不绝而从没中断的古老文化，并始终充满了生机与活力。

　　中华文化曾是东方文化摇篮，也是推动世界文明不断前行的动力之一。早在500年前，中华文化的四大发明催生了欧洲文艺复兴运动和地理大发现。中国四大发明先后传到西方，对于促进西方工业社会的形成和发展，曾起到了重要作用。

中华文化的力量，已经深深熔铸到我们的生命力、创造力和凝聚力中，是我们民族的基因。中华民族的精神，也已深深植根于绵延数千年的优秀文化传统之中，是我们的精神家园。

总之，中华文化博大精深，是中国各族人民五千年来创造、传承下来的物质文明和精神文明的总和，其内容包罗万象，浩若星汉，具有很强的文化纵深，蕴含丰富宝藏。我们要实现中华文化伟大复兴，首先要站在传统文化前沿，薪火相传，一脉相承，弘扬和发展五千年来优秀的、光明的、先进的、科学的、文明的和自豪的文化现象，融合古今中外一切文化精华，构建具有中国特色的现代民族文化，向世界和未来展示中华民族的文化力量、文化价值、文化形态与文化风采。

为此，在有关专家指导下，我们收集整理了大量古今资料和最新研究成果，特别编撰了本套大型书系。主要包括独具特色的语言文字、浩如烟海的文化典籍、名扬世界的科技工艺、异彩纷呈的文学艺术、充满智慧的中国哲学、完备而深刻的伦理道德、古风古韵的建筑遗存、深具内涵的自然名胜、悠久传承的历史文明，还有各具特色又相互交融的地域文化和民族文化等，充分显示了中华民族的厚重文化底蕴和强大民族凝聚力，具有极强的系统性、广博性和规模性。

本套书系的特点是全景展现，纵横捭阖，内容采取讲故事的方式进行叙述，语言通俗，明白晓畅，图文并茂，形象直观，古风古韵，格调高雅，具有很强的可读性、欣赏性、知识性和延伸性，能够让广大读者全面接触和感受中国文化的丰富内涵，增强中华儿女民族自尊心和文化自豪感，并能很好继承和弘扬中国文化，创造未来中国特色的先进民族文化。

2014年4月18日

大美之河——壮丽山川

文明孕育——远古遗存

历史新篇——再创辉煌

壮丽山川

黄河被称为中华民族的"母亲河"，全长5400多千米，流域面积约79万平方千米，是我国第二大长河。黄河发源于青藏高原的巴颜喀拉山脉北麓的卡日曲，流经青海、四川、甘肃、宁夏、内蒙古、山西、陕西、河南及山东等地，最后流入渤海。

黄河流域西到巴颜喀拉山，北抵阴山，南至秦岭，东注渤海。流域内地势西高东低，高差悬殊，形成自西而东、由高及低三级阶梯。

黄河从青藏高原开始，泛黄之水一路蜿蜒，东流入海，谱写了一曲曲黄河儿女的壮丽诗篇。

太白金星指点黄龙造黄河

　　传说很久以前，在千里岷山以北是一片大草原。这里地势平坦，生长着许多动植物，丰茂的水草把这里装点得如同天堂一般美丽。

　　但是，在岷山以外，却没有一条能够汇聚百川的大河，沧海横

岷山风光

■ 巴颜喀拉山

003

大美之河
壮丽山川

流，大水泛滥。人们因此失去了家园，流离失所，生活苦不堪言。

在岷山以北的大草原上，生活着一条黄色巨龙，他经常在天上飞腾。当他看见岷山以外人们生活得如此痛苦时，就想为人间开凿一条大河，让洪水不再泛滥。

黄龙把他的想法告诉了太白金星，太白金星表示十分赞同。

黄龙说："我虽有此想法，却不知向哪个方向开凿河道，更不知河水该流向哪里啊？"

太白金星说："切勿忧虑，我来帮你解决吧！你尽管安心开凿河道吧！我在天上提一盏灯来给你指引方向，灯指向哪里，你就向哪个方向开凿河道，水就会流向哪里呢！最终水会流到东海的。海特别大，再多的水都装得下啊！"

太白金星 道教神话人物，名李长庚，是天上的金星或曰启明星。在我国本土宗教道教中，太白金星是核心成员之一。最初道教的太白金星神是位身穿黄裙，演奏琵琶的女神，后来变化为一位童颜鹤发的老神仙，经常奉玉皇大帝之命监察人间善恶，被称为"西方巡使"。

■ 黄河美景

母亲之河

黄河文明与历史渊源

太白金星最先把灯升起在了青藏高原巴颜喀拉山北麓约古宗列盆地的上空。巴颜喀拉山旧称"巴颜喀喇山"，蒙古语意为"富饶的青色的山"。巴颜喀拉山藏语叫"职权玛尼木占木松"，是祖山之意。

巴颜喀拉山地势高耸，群山起伏，雄岭连绵，景象恢宏，它是庞大昆仑山脉南支的一部分，走向由西北向东南，向西为可可西里山脉，向东与岷山、邛崃山相望。

约古宗列是一个很大的椭圆形盆地，周围山岭环绕。盆地内有许多水泊，水泊四周，是绿草如茵的天然牧场。

在盆地的西南面，那时有一股从地底冒出的水流。水不停地喷涌而出，汹涌翻滚着，汇合成了盆地内浸渗出来的无数水流。这些水流交错纵横，到处流淌，是造成当时人间洪水泛滥的源头。

黄龙在天上仔细察看地形后，降落在一个叫卡日曲的地方。这里位于青海腹地，在腹地上有昆仑山、巴颜喀拉山和布尔汗布等大山。这些大山，高峻的山顶，终年积雪，秀美如画。

黄龙就决定把这里当作源头，一切从这里开始干起。他最先用身子在地上打滚，希望把那些大山荡平，以开凿出一条河流。但是，大山山石太坚硬了，把他身上划出了许多血痕。黄龙非常恼怒，便以头拱山，想把大山拱开。

黄龙鼓足劲儿地拱，终于把一座山拱开了，瞬间形成一个盆地。一时间，高山雪水奔涌而下，形成了花海子，当地人称它为"星宿海"。

接着，黄龙顺势一滚，形成了一条很宽的河道，无数水流开始大量汇聚，在卡日曲汇口以下形成了一条干流。后来，人们认为这条干流是黄龙开凿的，为了纪念黄龙的功绩，就把它叫作"黄河沿"。藏族人称它为"玛曲"，在藏语中，玛曲就是黄河之意。

从玛曲流出的水流进入扎陵湖后，从湖的南部流出，沿河道一直东行流入鄂陵湖，出鄂陵湖后再转东向南流到黄河沿，人们便把黄河沿以下的干流称为"黄河"。

后来，玛曲这个地方，经常发生洪水或旱情，这给当地人们的生活带来了极大的困苦。每当洪涝灾害出现之时，当地的藏族人民就会

■ 星宿海

■ 黄河峡谷风光

聚拢在玛曲，祭拜河神，以祈求平安。

黄龙按照太白金星神灯的指引，日夜兼程。黄龙每拱一下，就形成一处山川或河流，他不知疲倦、如迅雷闪电般地在草原上奔跑着、忙碌着。

有一天，黄龙从贵德来到民和境内，又从民和下川口进入甘肃。黄龙望着清澈见底的水流，不觉放慢了脚步。也正因为如此，这里没有形成大的山峦起伏，气候也格外温和湿润，这就是后来人们所称的"高原小江南"。

黄龙在这里停歇了，他没有剧烈地运动和翻滚。因此，这里水多沙少，成了黄河的清水来源。由于河水始终是清澈的、宁静的，这里便有了后来"天下黄河贵德清"的说法。

黄龙在贵德这里休息了一会儿，不知不觉打了一个盹，也许是他太累了，居然在这里睡着了。

他梦见自己开凿的河道奔涌如潮，一路汹涌向东，他不觉兴奋起来。在睡梦中，他翻了翻身，便荡平了一些小丘陵，于是就在这里形成了宁夏平原和河套平原。宁夏平原和河套平原处在黄河上游河谷地带，水草丰美，后来有"塞上江南"的美称。

黄龙一觉醒来，疲倦顿消，他又开始奔跑起来。就在黄龙奔跑之时，一个天神忽然挡住了黄龙的道路。黄龙为了避免和天神发生正面冲突，他急忙转弯，向东钻入了深山中。

这里高耸着阿尼玛卿山、西倾山和青海南山等大山，黄龙用尽全身力气，还是没能把巨山拱开，他只有沿着山势前行。他东拱一下，西拱一下，于是龙羊峡、积石峡、八盘峡、青铜峡等便应运而生了。瞬间，20多个峡谷在悬崖峭壁间便形成了。这就是为什么黄河河道在这一段呈"S"形弯曲。

黄龙走出青铜峡后，终于摆脱了几座大山的束缚，他一路奔腾，势不可当。他沿着鄂尔多斯高原的西北边界向东北方向滚动，然后向东前行，直抵河

天神 泛指天上诸神，包括主宰宇宙之神及主司日月、星辰、风雨、生命等诸神。后来，天神也泛指神仙。在佛教中，天神是指天众，也就是神的护法神。佛教认为，天神的地位并非至高无上，但可比人享有更高的福祉。天神也会死。

大美之河

壮丽山川

■ 青海贵德黄河清水源

■ 黄河壶口瀑布

金刚力士 我国古代传说中守护四极的天神。传说女娲补天后，天地为了不让四极折断，就派了四名金刚力士守卫，世称"四大金刚"。每个都凶神恶煞，力大无穷，一切妖魔鬼怪都怕它，所以才把天给保住了。

口。因为没有大山阻拦，黄河两岸便形成了大片的冲积平原，这就是后来著名的银川平原与河套平原。

黄龙从河口来到汾渭平原，他翻滚身子的同时，突然间打了个喷嚏，唾沫飞溅，瞬间便形成了汾河、洛河、泾河、渭河、伊洛河和沁河等众多河流。这些河流同时卷起黄龙身上的泥沙奔涌而下，汇聚一起，形成了宽阔的河谷，这就是黄河中游开始出现大量泥沙的缘故。

黄龙看见大量泥沙，他有些心急，便加速前行。他从禹门口出来，一路健步如飞，东拱西拱，形成的河道也左右摆动，很不顺直。

又因为他受到山岭的阻挡，黄龙势头大减，拱成的河谷也骤然缩窄了，形成一道宽1000余米的天然卡口。卡口也因山势而变得越来越窄，最后形成了仅容一车一马而过的羊肠小道，这便是后来的潼关。

潼关位于渭南的港口镇，地处关中平原东部，雄踞要冲之地，是我国古代著名关隘之一。潼关的形势非常险要，渭、洛二川在此相会，抱关而下。潼关周围山连山，峰连峰，谷深崖绝，山高路狭。

黄龙正在前行之际，皋兰山却又横在他的面前。黄龙把皋兰山打量了一番，便凭着自己的气力和本领，呼啸着向皋兰山撞去，"咚咚咚"连撞三次，皋兰山却纹丝没动。

突然，皋兰山中传来一阵奸笑，天庭的金刚力士和一群天神出现在它面前。黄龙这才知道，原来一切都是天神布下的疑阵。他便和金刚力士斗了几个回合，但他不敢恋战，转身向北，拱进了贺兰山。

黄龙沿着贺兰山，翻崖穿谷，匆匆而行，他每拱一处便形成一处峡谷。为了躲避天神阻拦，他拐了一个弯又一个弯，日夜兼程，越跑越快。就这样，形成了著名的"九曲十八弯"。

此时，黄龙来到小浪底上空，中条山和崤山横在面前。黄龙加大力气，从两座大山间蜿蜒穿过，在崇山峻岭间，他冲开了一个狭长的晋陕大峡谷。

■九曲十八弯

黄河晋陕大峡谷

母亲之河

黄河文明与历史渊源

　　晋陕大峡谷是黄河干流上的最后一段峡谷，峡谷在托克托县河口形成了黄河"几"字形弯的右半边。滔滔河水在这里奔流而下，景色异常壮观。

　　在河套地区呈东西走向的黄河，在此段急转为南北走向，由鄂尔多斯高原挟势南下，左带吕梁，右襟陕北，深切于黄土高原之中。这里谷深皆在百米以上，河床最窄处如壶口，仅30米至50米，可以说真正的"黄"河是在这里成就的。

　　且说黄龙向北跑了数百千米，阴山又挡住了去路。他想，不能再向北了，这样会离东海越来越远。再说，他虽鼓着劲儿不分昼夜地奔跑，可气力却渐渐不支了。他为了尽快赶到东海，在阴山脚下，他又转了个弯，向东奔去。

　　黄龙刚走不远，太白金星就降落在他的面前。太白金星问黄龙："你气力如何呢？"

　　"头重尾轻，筋疲力尽啊！"黄龙答道。

　　"向东是一座大山，即使没有天神阻挡，你也会很费时力，不如就从这里拐弯向南。那里皆是黄土，行走和拱河都十分省力。再者，你造河时可把黄土冲卷进水里，带到东海，填平龙宫，闷死龙王，为民除害。"

黄龙一听能够为民除害，他于是就来劲了。他就按照太白金星的指点，在阴山东头拐弯向南。他披星戴月，餐风宿露，用尽平生力气，卷走黄土，要一举填平东海。黄龙闯过龙门天险便调头向东了。

东边是中原大地，一马平川，没有山峦峰谷。金刚力士暗自惊慌，因为黄龙一到平原，临近东海，就再没有拦阻捉拿黄龙的时机了。于是，金刚力士便布下三门大阵，请来数百名天兵天将，要和黄龙决一死战。

黄龙被里三层外三层的天兵天将团团包围着。黄龙知道，这是决定胜负的最后拼杀。尽管他一路劳累，他还是振作精神，力战群敌。怎奈黄龙寡不敌众，身上多处受伤。众天兵天将里外呼应，慢慢地缩小了包围圈，就要把黄龙擒住了。黄龙在重围中岌岌可危。

人们听说黄龙要去找东海龙王为民除害，并历尽千难万险想造一

■ 鹳雀楼上鸟瞰图

条大河，消除泛滥洪水，为民造福，都十分同情和支持黄龙。人们成群结队地去请求力大无比的治水英雄大禹设法救助黄龙。

大禹听后，就带着开山斧和避水剑，给黄龙打开了一条向东的出路。黄龙悲喜交集，情不自禁地鼓足干劲，他不顾浑身的伤痛，跳出重围。当黄龙历尽艰辛来到海边时，他已经奄奄一息了。

黄龙无力再去和东海龙王拼搏了，他知道自己活不长久了，他想把自己开凿的大小河道连起来，形成一条大河。于是，他在地上打了一个滚，形成了一条巨大的主河道，瞬间，那些大小河流都被这条主河道连接起来了，纷纷流进了主河道。黄龙用尽了最后一点气力，施展法术，将自己的身体无限地伸长、伸长……

黄龙的头伏在东海边，身子沿着他来东海走过的路向后延伸着，弯弯曲曲，绵绵延延，高高低低，从头看不到尾。

此时，只听黄龙惊天动地一声大吼，身躯瞬间化为大河，滔滔河水，奔腾不息，直泻东海。从此后，人们就把这条河叫作"黄河"。

玉皇大帝把金刚力士和没拦住黄龙的天神打下凡间，让他们长年累月住在原来布阵设防的地方。天神们眼睁睁地看着黄河之水向东流淌着，这样，就流传下了"黄河九曲十八弯，弯弯有神仙"的说法。

阅读链接

黄河源一般认为位于青海的腹地。河源一为扎曲，二为约古宗列曲，三为卡日曲。扎曲一年之中大部分时间干涸，而卡日曲最长，是以五个泉眼开始的，流域面积也最大，在旱季也不干涸，卡日曲最长支流那扎陇查河是黄河的正源。

在青海玛曲上游的约古宗列曲，矗立着数十个"黄河源"石碑。一直以来，很多人都认为这就是黄河的源头。后来经过考察，最终确定了黄河的真正源头，是位于青海省卡日曲上游的那扎陇查河。从这里算起，中华民族的母亲河黄河总长度为5778千米。

地质大运动造就万里黄河

　　黄龙造黄河仅仅是个美丽的传说，而黄河真正形成是源于6000万年前的一次地质大运动。

　　在这次剧烈的地质大运动中，地壳遭到严重的破坏，被切割成若干大小不等的块体。这些块体有的抬升，有的下沉，形成了各种各样

黄河地质结构

■ 沙漠中的黄河

长工 旧时靠给地主、富农长年干活为生的贫穷雇农。也称"长年"，北方俗语称为"觅汉"或"伙计"。指旧时整年受地主或富农雇用的贫苦农民。除农副业劳动外，还兼做杂务。工资以年计，供食宿。也泛指雇用期较长而且相对固定的各种工人。

的地形地貌。

地壳抬升的地块便形成了山脉，这些山脉随着时间的流逝，有些地块被风化剥蚀，逐渐夷平成了高原。地壳下沉的地块则贮水成湖，如华北、汾渭、河套、银川等沉降盆地，并进而逐渐形成了河流、湖泊或峡谷。

距今150万年至120万年的时期，原始的古黄河还是一条内陆河。它就像一个巨大的串珠，由峡谷河道串联起众多的湖泊，在最东端为浩瀚的三门湖。

在随后的数十万年里，这一地区发生了两次规模较大的冰川活动，气候寒冷、干旱，大湖逐步萎缩、分割，全区出现若干大型湖盆，以及不计其数的小型湖泊与湿地。这些古湖盆成为当地的地表水汇集区，并发育成各自独立的内陆湖水系。古黄河就是在这些独立的内陆湖盆水系的基础上，逐步演变而成的。

又经过若干年，大小河流与湖泊经过不断的变化，然后逐渐形成了一条贯穿东西的大河流。这条大河流在我国古代有多种叫法，如"河""河水""九河""大河"等。

传说那是很久很久以前，在大河边住着一个员外，员外家有一个青年长工叫黄河。黄河是卖身葬父来到员外家干活的，他勤勤恳恳，忠厚老实，在员外家干了好多年，长成了一个英俊的小伙子。

转眼间又快过年了，黄河说要回家看望他的老母亲，就去向员外辞别，员外答应了他。黄河带着行囊匆匆地赶回家，看到了他多年未见的白发苍苍的老母亲，母子悲喜交加，抱头痛哭。

黄河回家过年，还见到了他儿时的小伙伴邻居姑娘黄荷。黄荷姑娘也已长大成人了，出落得如花似玉。昔日的小伙伴可谓是青梅竹马，再次相见便产生了深深的眷念之情，两人是难舍难分。

员外 又称"员外郎"，古代官职之一，原指设于正额以外的郎官。隋代于尚书省24司各置员外郎一人，为各司之次官。该官职一般为闲职，明代常有商贾士绅捐钱获得此官职。至此，员外成为富有地主的另一种称呼。

015

大美之河

壮丽山川

■ 黄河风光

两家父母看见孩子双双有意，于是就成全了两个孩子，让他们结为夫妻，在元宵节时为两个孩子简简单单地筹办了婚事，两家都皆大欢喜，小夫妻俩更是喜不自禁，恩爱有加。

办完婚事后，黄河恋恋不舍地辞别了母亲和新婚妻子，又到员外家帮工了。当员外得知黄河娶了一个貌美如花的妻子时，就心生歹意，假意说为了让夫妻团圆，让黄河把新婚妻子带来做员外老婆的丫头。

黄河自是很高兴，就回家把妻子带来了，员外一看更想把黄河妻子占为己有，就想法谋害黄河。员外让黄河跟另外一个长工一起到大河里去打鱼，并指使这个长工把黄河推入大河淹死，并说要给这个长工100两银子，事成后让他远走高飞。

这个长工果然把黄河推入河中淹死了，他回去向员外索要银子。这个长工想何不把黄荷带着一起远走

元宵节 也称为"上元节""小正月""元夕""小年"或"灯节"，就是农历正月十五。元宵节是春节之后的第一个重要节日，是农历新年的第一个月圆之夜，象征春天的到来，人们吃元宵、赏花灯、猜灯谜，以示祝贺。正月是农历的元月，古人称夜为"宵"，所以称正月十五为"元宵节"。

016
母亲之河

黄河文明与历史渊源

■ 九曲黄河十八弯

■ 黄河壶口瀑布

呢！这样他就有了妻子和银子，于是就去纠缠黄荷。

黄荷非常悲伤，她知道员外不怀好意，就表面答应了这个长工的要求，但要这个长工说出实情。这个长工把一切情况告诉了黄荷，黄荷听后更加悲伤。黄荷没有屈服员外的压力，也没有跟那个长工一起走，她来到了大河边，对着黄河落水的地方放声痛哭。

黄荷的泪水很多很多，就把河边的沙子冲起来了，河里面的水也从此发黄了；黄荷的泪水冲到大河里，大河也开始泛滥了；黄荷的哭声很悲很悲，哭声传到大河上，从此大河上面就充满了"呜呜"的声音。

黄荷从大河这边哭到大河那边，又从这座山哭到那座山，她的哭声惊动了山神，山神们都出来劝她。因此，后来人们说，"黄河九曲十八弯，弯弯有神仙"。

后来，黄荷的泪水哭干了，她就变成了一座神女峰，一直凝视着大河。黄河夫妻的故事令人们非常感

丫头　长辈对小辈女性的亲昵称呼。另一种说法是，古代把婢女称为"丫头"，这是因为她们的发型是在头顶有分叉"丫"形的发髻，所以又叫作"丫鬟"。古代女孩子在出嫁之前，头上都要梳着两个"髻"，左右分开，对称而立，像个"丫"字，所以称为"丫头"。

动，大家为了纪念他们，就把这条大河叫"黄河"。

这条大河由于黄荷泪水的冲刷，越冲越大，天长日久，把黄河一直冲到了东海边上了。由于河里面有黄荷的泪水，所以海水也从此变咸了，黄河也变成了一条很长很长的大河了。

黄河的含沙量很大，其实这是因为其流经黄土高原。黄土高原地表破碎、土质疏松、降水集中、多暴雨、植被少，区域地理环境因素对河流的影响很大。

黄河上游的自然生态环境恶化后，植被减少，水土流失严重，沙石被冲入黄河，引起大面积河水泛滥。经过世世代代的治理和改道，黄河泛滥逐渐减少，成为一条为人类造福的河流。

黄河流域内悠久的文明，古老的文化，壮丽的河山，奇异的自然和人文景观，共同构成了万里黄河所独有的丰富资源。黄河奔腾豪放，孕育了勤劳伟大的中华儿女，也孕育了光辉灿烂的中华文明。

母亲之河

黄河文明与历史渊源

阅读链接

关于黄河里的水为什么是黄色而混浊的，还有一个凄婉的传说。

从前有个打鱼的老人，他有个女儿叫黄荷。一天，老人在河中救起一个小男孩，取名黄河。黄河长大后，老人便把黄荷嫁给了黄河。

一个财主借老人得病之机，设计陷害了黄河，老人不久去世，家中只剩下孤零零的黄荷。

财主见时机已到，便迫使黄荷嫁给他。黄荷的条件是，让财主向黄河取沙的那条河叫三声"爷爷"。当财主面对黄河叫"爷爷"的时候，她将财主推入河中，自己也跳进河里。

河水马上掀起大浪，浑浊汹涌，黄沙滚滚。从此，黄河的水再也没有清过。

源于青藏高原的上游景观

　　从高空俯瞰，黄河就像一个巨大的"几"字，蜿蜒曲折，滚滚东流，绵延5000多千米，流经地域广泛。黄河在我国北方蜿蜒流动，其干流贯穿我国青海、四川、甘肃、宁夏、内蒙古、陕西、山西、河

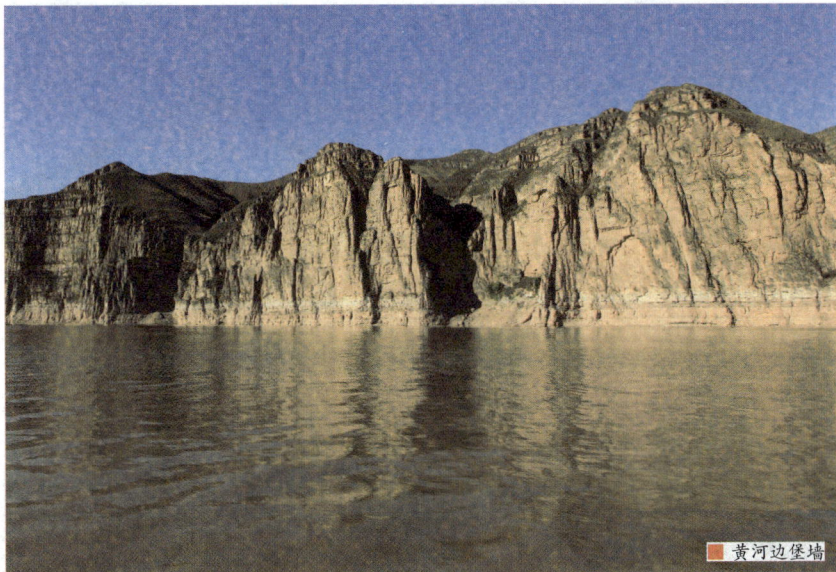

黄河边堡墙

南、山东等地区，最后在山东省莱州湾流入渤海。

黄河发源于青藏高原巴颜喀拉山北麓海拔4.5米的约古宗列盆地，一直到内蒙古托克托县河口镇以上的黄河河段，为上游段。

黄河上游段全长3472千米，流域面积38.6万平方千米，流域面积占全黄河总量的51.3%。上游河段总落差约3.5千米，平均比降为1‰。在此河段汇入的较大支流有43条，其径流量占全河的54%。

上游段水多沙少，受阿尼玛卿山、西倾山和青海南山的控制，故呈"S"形弯曲。是黄河的清水来源。黄河上游根据河道特性的不同，又可分为河源段、峡谷段和冲积平原3部分。

从青海卡日曲至青海贵德龙羊峡以上部分为河源段。河源段从卡日曲始，经星宿海、扎陵湖、鄂陵湖到玛多，绕过阿尼玛卿山和西倾山，穿过龙羊峡到达

■ 黄河上游风光

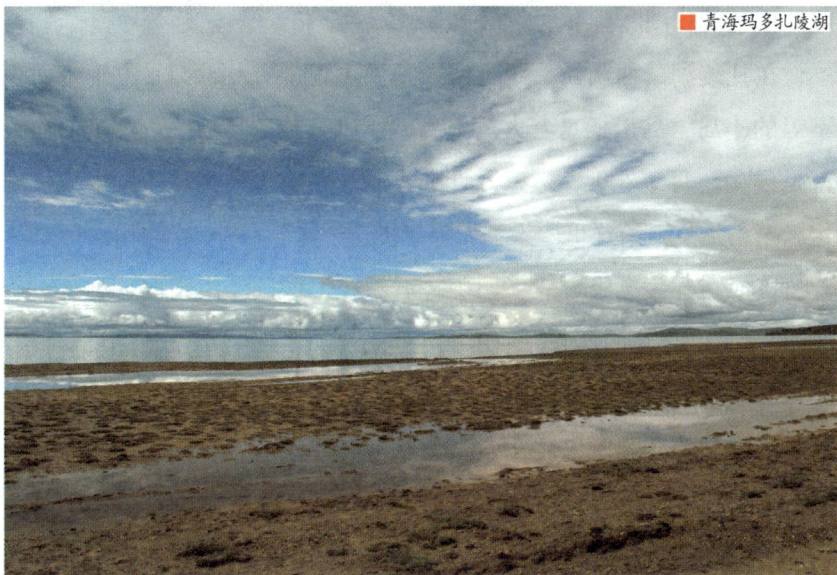

青海贵德。这一段多系山岭及草地高原，属青藏高原，海拔均在3千米以上，山峰超过4千米，源头河谷地海拔4.2千米，山顶终年积雪，秀美如画。

这段河流曲折迂回，两岸多为湖泊、沼泽、草滩，水质较清，水流稳定，产水量大。河段内有扎陵湖、鄂陵湖，两湖海拔高程都在4.26千米以上，蓄水量分别为47亿立方米和108亿立方米。

扎陵湖和鄂陵湖，位于黄河源头的玛多县境内，距玛多县城约40多千米，是黄河源头两个最大的高原淡水湖泊，素有"黄河源头姊妹湖"之称。

黄河从巴颜喀拉山北麓的卡日曲和约古宗列曲发源后，经星宿海和玛曲河即孔雀河，首先注入扎陵湖。扎陵湖东西长，南北窄，酷似一只美丽的大贝壳，镶嵌在黄河上。

扎陵湖的面积达526平方千米，平均水深约9米，湖水色碧澄发亮，湖心偏南是黄河的主流线，看上去，仿佛是一条宽宽的乳黄色的带子，将湖面分成两半，其中一半清澈碧绿，另一半微微发白，所以叫"白色的长湖"。

　　在扎陵湖的西南角，距黄河入湖处不远，有3个约2平方千米面积不等的小岛，岛上栖息着大量水鸟，所以又称"鸟岛"。这里的鸟大都是候鸟，每年春天，数以万计的大雁、鱼鸥等鸟类从印度半岛飞到这里繁衍生息，给这里增添了无限生机。

　　黄河在扎陵湖经过一番回旋之后，在巴颜郎玛山南面，进入一条300多米宽的很长的河谷，河水在这里分成九股道，散乱地穿过峡谷，流入鄂陵湖。

　　鄂陵湖位于扎陵湖之东，其形状与扎陵湖恰好相反，东西窄，南北长，犹如一个很大的宝葫芦。湖的面积为628平方千米，比扎陵湖大100平方千米，平均水深17.6米，最深可达30多米。鄂陵湖水色极为清澈，呈深绿色，天晴日丽时，天上的云彩，周围的山岭，倒映在水

中，清晰可见，因此叫"蓝色的长湖"。

十分有趣的是，扎陵湖有供鸟类栖息的岛屿，而鄂陵湖有一个专供鸟儿们会餐的天然场所，人称"小西湖"，又称"鱼餐厅"。

每年春天，黄河源头冰消雪融，河水上涨，鄂陵湖的水漫过一道堤岸流入小西湖，湖中的鱼儿也跟着游进来。待到冰雪化尽，水源枯竭时，湖水断流，并开始大量蒸发，潮水迅速下降，鱼儿开始死亡，而且被风浪推到岸边的沙滩上。

鸟儿们吃鱼不需要花费力气去捕，只要到小西湖随便飞一趟，就可以美美地饱餐一顿。鸟儿最多的时候，飞翔在上空的鸟群遮天蔽日，"嘎嘎"的鸣叫声，几千米以外都能听到。

鄂陵湖烟波浩渺，波澜壮阔。上午，湖面风平浪静，纤萝不动；下午常常天气剧变，大风骤起，平静的湖面波涛汹涌，浪花拍岸。有

■ 蓝色湖泊

■ 鄂陵湖美景

时，还会出现天昏地暗的景象，一会儿像连片的黑色藏帐，旌旗猎猎，一会儿又变成点点白色的风帐，由远而近，景象极为壮观。

扎陵湖和鄂陵湖海拔4.3米，比我国最大的内陆湖泊青海湖高出约1千米，是名副其实的高原湖泊。这里地势高寒、潮湿，地域辽阔，牧草丰美，自然景观奇妙。

盛夏季节，碧空如洗，苍穹无垠，玻璃般的天幕上，不时地飘荡着樱桃似的朵朵白云。蓝天白云之下，起伏连绵的青山和熠熠闪亮的碧波，交相掩映，分外妖娆。

数以万计的天鹅、大雁、野鸭、鱼鸥等在平如明镜的湖面上嬉戏飞翔，数不清的牛羊像点点珍珠在翡翠般的湖畔滚动，令人心醉。

然而，到了贵德自孟津段却是黄土遍布的高原地区，即黄土高原。黄土高原东为吕梁西坡，南为渭河谷地，北与鄂尔多斯高原相接，西至兰州谷地。河流

玛多　藏语为"黄河源头"，历史上是由内地进入西藏的一个驿站，也是一个古渡口。玛多号称"千湖之县"，共有湖泊4000多个，最著名的是被称为"黄河源头"的扎陵湖和鄂陵湖，扎陵湖为白色，鄂陵湖为蓝色，都透彻清亮。在两湖中间是黄河源头的标识"牛头碑"。

中段流经黄土高原地区，夹带了大量泥沙，当地有句俗语："九曲黄河十八弯，一碗河水半碗沙。"

青海玛多至甘肃玛曲区间，黄河流经巴颜喀拉山与阿尼玛卿山之间的古盆地和低山丘陵，大部分河段河谷宽阔，间或有几段峡谷。

甘肃玛曲至青海贵德龙羊峡区间，黄河流经高山峡谷，水流湍急，水力资源丰富。发源于四川岷山的支流白河和黑河在该段内汇入黄河，河源段在此处收尾。

从青海龙羊峡到宁夏青铜峡部分是上游的峡谷段。该段河道流经山地丘陵，因岩石性质的不同，形成峡谷和宽谷相间的形势：在坚硬的片麻岩、花岗岩及南山系变质岩地段形成峡谷，在疏松的砂页岩、红色岩系地段形成宽谷。峡谷段有龙羊峡、积石峡、刘家峡、八盘峡和青铜峡等20个峡谷，峡谷两岸均为悬崖峭壁，河床狭窄，河道比降大，水流湍急。

在贵德至兰州间，是黄河3个支流集中区段之一，有湟水、洮河等重要支流汇入，这就使黄河的水量大大增加。龙羊峡至宁夏下河沿的

■ 高原湖泊鄂陵湖

干流河段是黄河水力资源的"富矿"区。

湟水又名"西宁河"，是黄河上游重要支流，位于青海东部，发源于青海的包呼图山，全长374千米，流域面积约32863平方千米。

湟水流域孕育出了灿烂的马家窑文化、齐家文化、卡约文化，养育了青海地区约60%的人口，被称为"青海的母亲河"。

湟水东南流经西宁，到甘肃兰州西面的达家川入黄河。由于流域有不同的岩性与构造区，因而发育成峡谷和盆地形态。

流域峡谷有巴燕峡、扎马隆峡、小峡和老鸦峡等。峡谷一般长5至6千米，其中老鸦峡最长，达17千米，两壁陡峭，谷窄而深。盆地有西宁盆地、大通盆地、乐都盆地和民和盆地，其中以西宁盆地为最大。

湟水穿流于峡谷与盆地间，形成串珠状河谷。湟

齐家文化 是以甘肃为中心地区的新石器时代的晚期文化，已经进入铜石并用阶段，其名称来自于齐家坪遗址。其经济生活是以农业为主，各氏族过着稳定的定居生活；生产工具是以石器为主，其次为骨角器；手工业生产有很大发展；制陶技术和纺织业进步明显，青铜冶炼技术开始推广，进入铜石并用阶段。

■ 黄河支流

■ 青海贵德黄河

水下游河谷宽阔，富水力资源，灌溉便利，滋润着河谷大地，孕育和发展了湟水流域的农业文明。

湟水流域位于青藏高原与黄土高原的交接地带，处在祁连山褶皱带内。由于地质构造的制约和水系发育的综合结果，形成"三山两谷"独特的地理景观。

流域北界祁连山，南界拉脊山，中部的大坂山为支流大通河与干流湟水的分水岭。

祁连山与大坂山之间为大通河狭长条状谷地，属高寒地区，山高谷深，林草繁茂，人烟稀少，水资源丰富，当地人民以经营放牧业为主，具有青藏高原的典型特点。

大坂山与拉脊山之间为湟水干流宽谷盆地，丘陵起伏，黄土深厚，人口稠密，居民以农为主，农业历史悠久，水资源短缺，水的利用程度很高，呈现出黄土高原的显著特点。由此形成了在一个流域内，

卡约文化 是我国西北地区的青铜时代文化，因发现于青海湟中卡约村而得名，年代约公元前900至公元前600年。主要分布在甘肃省境内黄河沿岸及其支流湟水流域。居民以从事农业为主，工具多石器，有刀、锤、锥和镢。陶器是手制的，典型器物为双耳罐、双大耳罐、四耳罐和瓮等。

干流和支流并行，而自然条件和社会经济条件迥然不同的两种地理景观区。

洮河位于甘肃南部，是黄河上游仅次于湟水的第二大支流，源出青海西倾山东麓，流经甘肃碌曲、临潭、卓尼、岷县、临洮等地，在永靖县境汇入黄河。

洮河干流河道长约673千米，流域面积约25527平方千米。洮河干流自河源由西向东流至岷县后受阻，急转弯改向北偏西流，形如一横卧的"L"字形。

过了峡谷段便是黄河的冲积平原段。冲积平原段起于宁夏青铜峡至内蒙古托克托县河口镇。黄河出青铜峡后，沿鄂尔多斯高原的西北边界向东北方向流动，然后向东直抵河口镇。

沿河所经区域大部为荒漠和荒漠草原，基本无支流注入，干流河床平缓，水流缓慢，两岸有大片冲积平原，即著名的银川平原与河套

平原。沿河平原不同程度地存在洪水和凌汛灾害。河套平原西起宁夏下河沿，东至内蒙古河口镇，长达900千米，宽30至50千米，是著名的引黄灌区，灌溉历史悠久，自古有"黄河百害，唯富一套"的说法。

黄河上游较大的支流，除了湟水和洮河外，还有四川省境内的白河和黑河黄河上游含沙量较大的支流为祖厉河。

祖厉河由祖河、厉河汇集而成，祖厉河由此而得名。祖厉河源出会宁县南华家岭，因流域地层含盐碱较多，水味苦咸，故又称"苦水河"。河水含沙量较高。

祖厉河在会宁县城南汇合后，始称祖厉河，北偏西流，至靖远县城西注入黄河。全长22千米，流域面积1.07万平方千米。

祖厉河发源于甘肃会宁县华家岭北麓，在靖远县城西南1.5千米处汇入黄河，把口站为靖远水文站。

祖厉河左岸有关川河，右岸有土木岘河两大支流加入，流域面积

女娲 我国上古神话中的创世女神。传说人首蛇身，为伏羲之妹，风姓。起初以泥土造人，创造人类社会并建立婚姻制度。而后，世间天塌地陷，于是女娲熔彩石以补天，斩龟足以撑天，始得天地。

约10647平方千米，祖厉河来水对黄河干流安宁渡断面年径流量影响不大，但来沙影响很大，泥沙量占安宁渡站的37.2%。

祖厉河流域地表破碎，沟壑纵横，黄土裸露，植被很差，水土流失严重，水小含沙量大，泥沙主要是由降雨引起，汛期平时水量很少，暴雨导致流量、沙量暴涨暴落。祖厉河历史上最大实测含沙量高达1110千克每立方米，是黄河上游含沙量较大的支流之一。

每年秋收时节，祖厉河两岸稻谷飘香，金风送爽，呈现出一派特有的田园风光，靖远八景之"祖厉秋风"就是由此而来。真可谓是：

秋到河干作意清，西风袅袅素生波。
月明沙岸老渔卧；唯听前山落水声。

相传，女娲就是在祖厉河边，用这里的泥土造人

■ 黄河上游的平原风光

黄河上游风光

的，所以我们的皮肤和这里的泥土颜色一致。

据说，在很早以前，这里发生了一场异常残酷的战争，使方圆几百里只剩下了两户人家。一户姓祖的夫妻生育着一个儿子，家住东山的大山顶上，门前一汪碧潭，流出一道溪水，时称"黑龙河"。

另一家姓厉，夫妻俩生育着一个姑娘，住在南边的三条岘，门前有数眼清泉，汇聚成小河，起名"南河"。两家相距遥远，道路不通。随着儿女成长，两家人各自为子女的婚事发愁。

有一天，祖家父子上山打猎，两人翻山越岭，追逐野兽，不知不觉就到了红日西沉的黄昏。他们正想收拾猎物回家，不料狂风骤起，大雾迷漫，难辨方向，两人竟朝相反的方向走去。

走了多半夜，人已经困乏得不行了，突然看到山坳间闪出了一线灯光。父子俩惊喜异常，便直奔灯光而去。到家门口一打问，才知道住的是厉家。厉家夫妇便热情地招待了祖家父子。当祖家老父得知厉家有一位仙女般美丽的姑娘时，便提出了联姻的要求，厉家夫妇立即满口应承，并告知了姑娘。

厉家姑娘从门缝里看到祖家儿子英武健壮，便唱起了山歌：

门前流水清粼粼，有缘交汇桃花红，

河分南东不见人，闲看浮云了此生。

听到姑娘歌声所表达出来的意愿，祖厉两家于是相约等到来年春天阳光灿烂的日子，他们便各自沿着门前的河水走，走到那桃花盛开的地方相聚。

天遂人愿，两家果然在两道清溪相汇处的桃花山下，喜结良缘。于是，这两条支流就叫"祖河"与"厉河"，而向北流淌的河流叫"祖厉河"。

母亲之河

黄河文明与历史渊源

阅读链接

黄河上游的著名支流之一洮河之中多瑰宝，神奇的洮河绿石，不但可以制砚，而且可以制造各种器皿，如酒杯、茶壶、小水缸等。

洮河是我国含沙量最大的河流之一，年平均流沙量 2920 万吨，常年含沙中的"异重沙"，经过千百年的击磨，有的变成了具有黏性的细沙。

在细沙冲击的河岸边缘，有大量的五彩卵石，陆离斑驳，千姿百态，构成各种图案，有的如群雁掠湖，有的似晴空飘逸的玉带，有的像仕女头发梳起的高髻。此外，还有烟云楼台、人物形象、十二生肖、文字符号等，可谓是无奇不有。

洮河的奇石，奥妙不在加工，而是在发现。捡一颗石头，初看不像，偶然倒过来看，栩栩如生的人物和图案就出现了。

洮河奇石，任其自然，不必追求细节的完整，只要形似神似，这便是洮河奇石的魅力所在。

气势恢宏的黄河中游景观

从地理上讲，内蒙古托克托县河口镇至河南郑州桃花峪间的黄河河段为黄河中游，这一河段内汇入了较大支流30条，为黄河泥沙的主要来源。

■ 晋陕大峡谷

■ 黄河壶口瀑布

黄果树瀑布 位于贵州省安顺市镇宁布依族苗族自治县，是珠江水系打邦河的支流白水河九级瀑布群中规模最大的一级瀑布，因当地一种常见的植物"黄果树"而得名。亚洲最大的瀑布，我国第一大瀑布，也是世界最闻大壮观的瀑布之一。

河口镇至禹门口是黄河干流上最长的一段连续峡谷——晋陕峡谷，河段内支流绝大部分流经黄土丘陵沟壑区，是黄河粗泥沙的主要来源，全河多年年均输沙量16亿吨中有9亿吨来源于此区间。

该河段水力资源丰富，峡谷下段有闻名天下的河瀑奇观壶口瀑布，深槽宽仅30米至50米，枯水水面落差约18米，气势宏伟壮观。

壶口瀑布是黄河中游流经秦晋大峡谷时形成的一个天然瀑布，是我国非常著名的瀑布。壶口瀑布号称"黄河奇观"，其奔腾汹涌的气势是中华民族精神的象征。

壶口瀑布西临陕西宜川，东濒山西，位于黄河晋陕峡谷的南部地段。最大瀑面30000平方米，是我国仅次于贵州黄果树瀑布的第二大瀑布。

从早古生代寒武系、奥陶系至中生代的三叠系、侏罗系，燕山运动中晚期地壳发生剧烈挤压，而这一时期，大地上还没有晋陕峡谷的踪影。

后来，在燕山运动的末期及喜山运动时期，晋陕峡谷地貌渐成雏形，晋陕之地遂有一脉河流之水畅行其间。此水初期竟然未曾花费多大的力气就冲出龙门山层次浑厚的灰岩地层，在八百里秦川之地如脱缰的马扬长而去。

而此时，黄河禹门口及其此地带河谷地貌虽无今日宽阔，山势也无今天险峻，河道之中，谷中谷现象十分壮观。

谷中谷也称"槽谷"，是一种非常珍贵的地质遗迹，它是瀑布形成、发展、衰落和消亡的证据。

谷中谷的北端至瀑布区，南部可达孟门山。其长约5千米，当地人俗称"十里龙槽"，此龙槽宽度不等，窄处30余米，宽处约50米。时至今日，瀑布依然向北退去，谷中谷现象也向北部延伸。

黄河自青铜峡流出后，沿贺兰山东麓经银川盆地北行，后经狼山南坡渐而向东。再顺阴山山脉经河套盆地东行，至大青山西端拐了一

■ 黄河壶口瀑布碑刻

壶口瀑布地质景观

个90度的大弯，然后顺着晋陕峡谷南下进入渭河盆地。

黄河两次90度的大转弯，将中间地块围成一个巨大的地块，就是鄂尔多斯地台，壶口瀑布就位于这一巨大的地台上。

鄂尔多斯地台的西、北、东三面群山环绕，为而后黄河古道的演化形成奠定了有限的空间和地域。而有关黄河在这一高原区呈"几"字形河道的形成演化，是经过古湖盆期、水系袭夺期、黄河干流的串连贯通期3个地史阶段形成的。

壶口瀑布所处的鄂尔多斯高原地层水平，黄土丰厚，谷地深切，河道宽阔。在地史时期在壶口一带能够形成险要狭长的谷中谷现象及黄烟四起的飞瀑景观，其主要原因与其特殊的构造地质条件有关。岩性条件、水流侵蚀、冰川作用、外力作用等都是形成瀑布的原因。

滚滚黄河水至此，300余米宽的洪流骤然被两岸束缚，上宽下窄，在50米的落差中翻腾倾涌，声势如同在巨大无比的壶中倾出，故名"壶口瀑布"。

以壶口瀑布为中心的风景区面积约100平方千米，集黄河峡谷、黄土高原、古塬村寨为一体，展现了黄河流域壮美的自然景观和丰富多彩的历史文化积淀。

壶口瀑布两大著名奇景"旱地行船"和"水底冒烟"，更是世间罕见。春秋季节水清之时，阳光直射，彩虹随波涛飞舞，景色奇丽。真是"秋风卷起千层浪，晚日迎来万丈红"。

平日里"湍势吼千牛"的壶口瀑布，在"冷静"中呈现出别样风情：黄河水从两岸形状各异的冰凌、层层叠叠的冰块中飞流直下，激起的水雾在阳光下映射出美丽的彩虹，瀑布下搭起美丽的冰桥，两岸溢流形成的水柱如同大小不一的冰峰倒挂悬崖，彩虹时隐时现，游移其间，七彩与晶莹映衬，可谓造化之神奇。

黄河入"壶口"处，湍流急下，激起的水雾，腾空而起，恰似从水底冒出的滚滚浓烟，十数里外皆可观望。春秋两季，流量适中，气温不高，瀑布落差在20米以上，急流飞溅，形成弥漫在空中的水雾，即是"水底冒烟"一景。

黄河壶口瀑布的另一处著名景观就是旱地行船。由于壶口瀑布的

壶口瀑布著名奇景

落差较大，加之瀑布下的深槽狭长幽深，水流湍急，给水上船只的通行带来很大的困难。

过去，人们从壶口上游顺水下行船只，不得不先在壶口上边至龙王庙处停靠，将货物全部卸下船来，换用人担、畜驮的方法沿着河岸运到下游码头。同时，也是依靠人力将空船拉出水面，船下铺设圆形木杠，托着空船在河岸上滚动前进。

到了壶口下游水流较缓处，人们再将船放入水中，装上货物，继续下行，在岸上人力拖船很费力气，常常需要上百人拼命地拉纤。尽管有一些圆形木杠，铺在船下滚动，但石质河岸上仍被船底的铁钉擦划得条痕累累。

在当时的条件下，"旱地行船"是水上运输越过壶口瀑布的最佳选择，它与壶口瀑布上下比较平缓的石质河岸相适应。

后来，由于公路、铁路的迅速延伸，以及壶口附近黄河大桥的修建，过壶口的水上航运已阻断多年，"旱地行船"也只可看到昔日行船留下的痕迹。

■ 黄河壶口瀑布

壶口瀑布反复冲击所形成的水雾，升腾空中，使阳光发生折射而形成彩虹。彩虹有时呈弧形从天际插入水中，似长龙吸水，有时呈通直的彩带横在水面，像彩桥飞架，有时在浓烟腾雾中出现花团锦簇、五光十色、飘忽不定、扑朔迷离的景象。

黄河壶口瀑布

霓虹戏水是"水底冒烟"与阳光共同作用的产物。春秋两季，水底冒烟，浓雾高悬，每遇晴天，阳光斜射，往往形成彩虹；夏日雨后天晴，有时也会出现彩虹。

山飞海立是对壶口瀑布磅礴气势的形容，黄河穿千里长峡，滔滔激流直逼壶口，突然束流归槽，形成极为壮观的飞瀑，仰观水幕，滚滚黄水从天际倾泻而下，势如千山飞崩，四海倾倒，构成壶口瀑布的核心景观。

黄河在秦晋大峡谷中穿行，汹涌的波涛如千军万马，奔腾怒吼，声震河谷。当瀑布飞泻，反复冲击岩石和水面时，从而产生巨大的声响，并且在山谷中回荡，恰如万鼓齐鸣，旱天惊雷，声传数千米之外。而在壶口瀑布附近，人们更能真切地感受到"黄河在怒吼""黄河在咆哮"。

在壶口瀑布下游的五千米处，在右侧的黄河谷底河床中，有两块梭形巨石巍然屹立在巨流之中，这就是古代被称为"九河之蹬"的孟门山。

龟 龟在我国古代与麒麟、凤凰和龙一起谓之"四灵"。麟为百兽之长，凤为百禽之长，龟为百介之长，龙为百鳞之长。龟又称为"玄武"，生活在江河湖海，因而玄武就成了水神；乌龟长寿，玄武也成了长生不老的象征；根据阴阳五行理论，北方属水，所以玄武又成了北方神。

滚滚黄河水至孟门山分成两路，从巨石两侧飞泻而过，然后又合流为一。

相传，这两个小岛原为一山，阻塞河道，引起洪水四溢。大禹治水时期，把此山一劈为二，导水畅流。此二岛，远眺如舟，近观似山，俯视若门。

又传说在很久以前，有一孟家兄弟的后代被河水冲走，曾在这里获救，故将此二岛称为"孟门山"。

孟门山之上，黄河在沉积岩河床上冲刷出一条深沟，黄河就在这条嵌入石质河床中的深沟中流淌。这条深沟宽30多米，长5千米，故而称"十里龙槽"。

孟门山由大孟门岛和小孟门岛组成，大孟门岛长约300米，宽约50米，高出水面约10米。岛上有一巨型神龟雕像，龟背上立有大禹雕像。孟门迎着汹涌奔腾的泥流，昂首挺立，任水滔天，终年不没。

小孟门岛在大孟门岛上游10多米处，仅五六十米

■ 黄河石林

长，这两个河心岛全由呈水平状产出的块状灰绿色砂岩组成，岩石坚硬，抗风化性能较强。

孟门"南接龙门千古气，北牵壶口一丝天"，其雄姿与龙门、壶口组成黄河三绝，而又以自己独特的风貌著称，古诗有"四时雾雨迷壶口，两岸波涛撼孟门"的佳句。

其实，孟门原是黄河河床上的一处裂点，壶口

瀑布当时就出现在这里。由于长期的地质作用，裂点上移，瀑布由孟门移动到现在的位置，瀑下深潭发展成闻名于世的"十里龙槽"，而孟门山就是瀑布深潭上移残留下来的岩石块体。

黄河孟门不但风光迷人，有"孟门夜月"之美。关于"孟门夜月"的说法是有来历的。

传说，古代有位州官奉调入京，乘船沿黄河而下，船到孟门山下，天已黄昏，就靠岸停泊。

晚上，这位州官登上孟门山，观赏黄河小岛上的夜景。只见明月高悬，映入河中，虚虚实实，分外好看。他踏月观景，情趣盎然，便随口吟就"山随波影动，月照浪花浮"的佳句，"孟门夜月"也由此成为壶口十大景观之一。

由于四季气候和水量的差异，壶口景色也时有变换。壶口瀑布最佳观赏期分为两段，一是春季的"三月桃花汛"，二是秋季的"壶口

■ 水流湍急的黄河

秋风"。这两个时期，水大而稳，瀑布宽度可达千米左右。

主瀑虽然难以接近，但远远望去，烟波浩渺，威武雄壮。大浪卷着水泡，奔腾咆哮，以翻江倒海之势，飞流而下。真是"水底有龙掀巨浪，岸旁无雨挂彩虹"。

到了数九寒冬，壶口瀑布又换上了一派银装玉砌的景象，在那瑰丽的冰瀑面上，涌下清凉的河水，瀑布周围的石壁上，挂满了长短粗细不一的冰滴溜，配上河中翻滚的碧浪，更显示出一派黄河流域特有的自然风光。

禹门口至三门峡区间，黄河流经汾渭平原，河谷展宽，水流缓慢。河段两岸为渭北及晋南黄土台塬。该河段接纳了汾河、洛河、泾河、渭河、伊洛河、沁河等重要支流，是黄河下游泥沙的主要来源之一。该河段在禹门口至黄河小北干流潼关的132.5千米长的河道，冲淤变化剧烈，河道左右摆动很不稳定。该河段在潼关附近受山岭约束，河谷骤然缩窄，形成宽仅1千米的天然卡口——潼关。

黄河流域的急流险滩有很多，但最为著名的要数潼关。潼关是黄河流域最著名的关隘，也是我国古代著名关隘之一。其地处关中平原东部，雄踞秦、晋、豫三省要冲之地，地理位置十分重要。

潼关的形势非常险要，南有秦岭，东南有禁谷，谷南又有12连城；北有渭、洛二川会黄河抱关而下，西近华岳。潼关周围山连山，峰连峰，山高路狭，通一条狭窄的羊肠小道，往来仅容一车一马。

潼关位于秦、晋、豫三省交界的黄河三角地带，黄河、渭河、洛河三河交汇于此，北濒黄河，南依秦岭，西连华山，以盛产黄金而闻名于世。

潼关历史悠久，闻名遐迩。古潼关居中华十大名关的第二位，历史文化源远流长。名胜古迹星罗棋布，风陵晓渡、谯楼晚照、秦岭云屏等潼关八景，更是引人入胜。

关于风陵晓渡，这里有一个古老的神话传说。

风陵，传说是女娲氏之墓，位于潼关故城东门外

谯楼 古代城门上建造的用以高望的楼。古代筑城，必建谯楼。谯楼内每悬巨钟，昏晓撞击，使臣民闻之而生儆惕之心。天下晨昏钟声，数皆一百零八，这主要是暗合一年的气候节律，此外钟声的缓急和节奏，各地又有些不同。紫禁城谯楼每次在击钟前，必先奏以画角三曲。

大美之河

壮丽山川

■ 冬季的黄河

母亲之河

黄河文明与历史渊源

■ 黄河风景区

道观 道观是道士修炼的地方。道观是要保持的清静、整洁和庄严。修道的方法众多，就是求"清静无为""离境坐忘"安静自然为本。道教宫称"观"而不称"寺"或者"庙"，与道教夜观天象的传统或许有最为直接的关联。

黄河岸河滩。风陵处的渡口叫"风陵渡"。

潼关城地处黄、渭二河交汇处，自古以来就是交通枢纽，水路要冲，还有私人和上下游经常过往客商船只。

每日拂晓，沉睡的黄河刚刚苏醒，岸上树影依稀可辨时，南来北往的客商就熙熙攘攘地朝风陵渡集结了。推车的、骑马的、赶牲口的、荷担的、负囊的……接踵而来。有的赶路，有的候渡，有的则已经坐在船头泛舟中流。

遥望黄河上下，烟雾茫茫，桅灯闪烁。船只南北横驰，彩帆东西争扬，侧耳倾听，"哗哗"的水声，"吱吱"的橹声，高亢的号子声，顾客的呼喊声，鸟声，钟声……汇成一片，古渡两岸回荡着优美的清晨争渡的交响曲。

万物复苏，春暖花开，黄河上游的万山丛中，积雪消融，封冰解冻，黄河流量剧增，这就形成了黄河春涨这一独特景观。

站在潼关城头北眺东望，只见银光四闪的冰凌伴随着河水，汹涌而下，水天一色，眼前一叶叶冰船傲居浪头，忽高忽低，时隐时现，有的排着长队，中流争渡；有的单枪匹马，岸边徘徊。风声、水声、隆隆的冰块相撞声，威武雄壮，激荡情怀。

道观神钟，因道观里的异于一般的"神钟"而驰名。相传古时候，这里洪水泛滥，黄河汹涌澎湃，流有雌、雄二钟，摩荡有声，铁钟雌钟止于潼关，而铜钟雄钟则流于陕州。

后来，这口奇异的雌钟，被悬挂在麒麟山顶的钟亭上。钟亭周围绿树参天，白云缭绕，晨昏叩之，钟声抑扬顿挫。"宫商递变，律吕相生，声扬远闻"，清脆悦耳，山川生色。

另一处著名景观是佛头山。佛头山位于潼关县安乐乡境内，是以秦岭支脉佛头山为主体的山岳型风光

麒麟 也称作"騏驎"，简称为"麟"，外形像鹿，头上有一独角，全身有鳞甲，尾像牛尾。它是我国古籍中记载的一种动物，与凤、龟、龙共称为神的坐骑，古人把麒麟当作仁兽、瑞兽。雄性称"麒"，雌性称"麟"。麒麟是吉祥神兽，主太平、长寿。

大美之河

壮丽山川

■ 黄河沿岸景观

■ 黄河石林

及宗教文化风景区，景区面积15平方千米，其主峰海拔1806米，因酷似佛首，故称"佛头山"。

佛头山自古即有"关南名胜""西岳第二奇山"之称，为古今著名的避暑游览胜地。因其山顶常年白云萦绕又称"白云山"。

佛头山的驰名，主要源于潼关妙善公主在此学佛行法并最终在山顶佛崖寺，修成千眼千手菩萨，即千手佛的美妙传说。

佛头山在秦晋豫金三角地带的宗教界享有盛名，每年的农历三、六、九月分别有盛大的庙会，吸引八方来人。

佛头山宗教文化厚重，以佛而命名的山、以佛而命名的寺、以千手佛为核心的传说，又以四方宗教信徒的虔诚崇拜而使整个风景区蒙上了一层神秘、遥远的宗教色彩。

佛头山奇峰异石遍布：大自然鬼斧神工于此，有由佛头山主峰与侧峰组合而成的巨大卧佛，有睡眼蒙

唐僧（602年—664年），玄奘，唐朝著名的三藏法师，汉传佛教史上最伟大的译经师之一，我国佛教法相唯识宗的创始人。是我国著名古典小说《西游记》中心人物唐僧的原型。唐僧世称"唐三藏"，意谓其精于经、律、论三藏，熟知所有佛教圣典。

眬的"唐僧小憩"，有惟妙惟肖的"老人背山"，还有威风凛凛的"将军峰"、小巧玲珑的"葫芦石"，将把你带入无限的遐想之中。

黄河中游的另一处胜景是黄河石林。黄河石林位于甘肃景泰东南，陡崖凌空，造型千姿百态，是黄河流域独特的地貌奇观。石林中的石柱石笋高达百米左右，最高可达200多米，其形天造地设，鬼斧神工。

在400万年前的新生代第四纪时期的更新世，闻名全球的黄河石林诞生了。黄河石林是亘古旷世的独特地貌奇观，是笼罩在浓郁梦幻色彩中超越时空的造物杰作，是风格迥异的高品位自然景色的优越组合。

在这个神奇的世界里，挺拔伟岸、牵人心魄的峡谷石林与迤逦绵延、荡气回肠的黄河曲流山水相依，以至动静结合，刚柔互济。古朴润泽的龙湾绿洲与疏放高亢的坝滩戈壁隔河而望，两种生态形成了鲜明的对比，并且反差强烈。

黄河石林浸透着浓厚的原始古韵，令人叹为观

新生代 是地球历史上最新的一个地质时代。随着恐龙的灭绝，中生代结束，而新生代开始。这一时期形成的地层称"新生界"。新生代以哺乳动物和被子植物的高度繁盛为特征，由于生物界逐渐呈现了现代的面貌，故名"新生代"，即现代生物的时代。

大美之河

壮丽山川

■ 黄河石林

■ 黄河石林

止。狭谷蜿蜒曲折，如蛇明灭，皆以沟命名，从东南至西北，共有八沟之多，堪称自然奇观。

在龙湾石林黄河边上有个观音崖，观音崖下面有一个石洞，洞内有一湾活水。在水底有一块巨石，石头上有一个鸡蛋大的小坑，带沙金的泥土常盛满小坑，水把泥沙冲去，金子重，就沉到坑内，天长日久，就会装满一窝窝金子。所以，人们把这块巨石叫"澄金石"。关于澄金石还有一个美丽的传说。

传说在很久以前，有一个穷小子姓尚，他从小父母双亡，孤身一人。在左邻右舍相助下，他才长大了。他自制了一条羊皮筏子，在黄河上以摆渡为业。他在渡口从不向人多要钱，虽然清苦，日子还能维持下去。

有一天，尚小子在摆完渡后，突然看见一只大灰狼叼着小马驹，马驹拼命挣扎，情况十分危急。他就把狼驱赶跑了，救下了小马驹。

从此，尚小子白天摆渡，晚上照料马驹，马驹伤好了，他就赶着马驹在渡口放牧。他喜欢马驹，马驹也离不开他，就像好朋友一样。

两年过去了，小马驹长成了一匹高大的黄骠马。摆渡后，尚小子就骑着马嬉耍。

有一天，他刚跳上马背，这马就飞一般地向黄河里冲去，他大喊道："黄骠马，黄骠马，你今日疯了吗？咱俩都得喂王八啊！"

只听黄骠马说："我没疯，莫害怕，救命之恩要报答。"

尚小子见黄骠马踩水如走平地一样，箭一般地带着他进了观音崖下的大石洞。此时，黄骠马说："那就是澄金石，取了沙金赶快回去，今日之事，千万不能讲给外人听。"

尚小子翻身下马，石洞内的水不深，水下有一块好大好大的石头，石头上面有一个鸡蛋大的小坑，坑里满满地装着黄澄澄的金沙，这金沙映得洞里的水也泛着金光。尚小子脱下衣裳，包了金沙，跳上黄骠马，飞出石洞，飞过黄河到了家。

观音 又作观世音菩萨、观自在菩萨、光世音菩萨等。他手持净瓶杨柳，具有无量的智慧和神通，大慈大悲，普救人间疾苦。当人们遇到灾难时，只要念其名号，便前往救度，所以称观世音。观世音菩萨在佛教诸菩萨中居于首位，是我国百姓最崇奉的菩萨，拥有的信徒最多，影响最大。

大美之河

壮丽山川

■ 地貌奇特的黄河石林

太极图 据说是宋朝道士陈抟所传出，原叫《无极图》。在五代至宋初有一位道士叫陈抟，相传他对内丹术和易学都有很深的造诣。"阴阳鱼"太极图最初得来，是将伏羲八卦卦象改画成同心扇形、聚列而连之，或将一圆均分八等分而分别画成八卦，此法称为"八卦相连法"。

就这样，黄骠马一年带着尚小子去一次，尚小子也置了田产，娶了媳妇。闲暇的时候，他还在观音崖下面摆渡，只是不再收钱了。村子里的穷人，在他的帮助下，也渐渐地富了起来。

优美动人的传说，给黄河石林平添了许多神秘色彩。在山峰林立之中有一仙洞，名为"盘龙洞"。说起盘龙洞，可谓年代久远，这个洞形成于新生代第三纪末第四纪初的地质年代，洞内常年恒温在17度左右。

盘龙洞曾名"兴龙寺"，位于石林的盘龙沟内，沟中有5个洞窟，洞顶有天然形成的太极图。

龙湾村的村民十分崇拜盘龙洞，并塑造数尊佛像供奉于盘龙洞内。自塑造佛像之日起，盘龙洞便成为附近村民的祭拜之地。由于历史的变迁，洞内屡经破坏，屡经修茸。

■ 黄河石林奇观

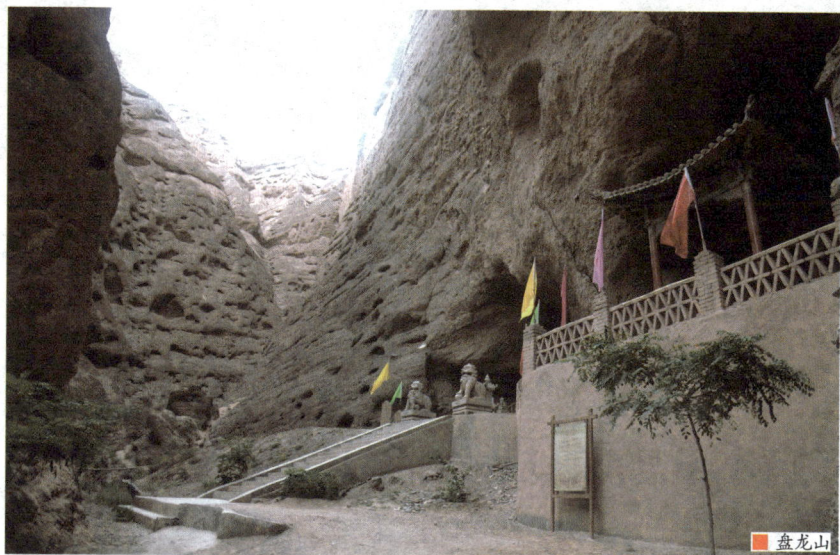
■ 盘龙山

在盘龙洞中，内外温差较大，在春末或初秋时节，山洞之中，早晚有雾气飘出。相传在很久以前，这里曾经居住过一个龙仙，盘龙洞因此得名。

盘龙洞还有一个神奇的功能，那就是能够预报天气。每当天气有骤变之前的三五天内，洞内便有沙粒落下，人们便以此来判断天气的变化。大自然的种种恩赐更增添了盘龙洞无限的神秘色彩。

阅读链接

由于季节的更替和水量的变化，黄河壶口瀑布季季皆有美景，形成了独特的八大景观：水底冒烟、旱地行船、霓虹戏水、晴空洒雨、旱天鸣雷、冰峰倒挂、山飞海立和十里龙槽。

壶口瀑布景区内景点星罗棋布，有孟门月夜、镇河神牛、旱地行船、清代长城、明清码头、梳妆台、古炮台、克难坡等自然和人文景观。

从1994年起，每年举办一次壶口瀑布漂流月，亚洲飞人柯受良和吉县飞人朱朝晖先后驾驶汽车和摩托车成功飞越黄河，壶口景区已成为令人瞩目的旅游热点。

黄河下游地理与人文景观

　　万里黄河从青藏高原的巴颜喀拉山，横贯东西，一路汹涌奔腾，锐不可当，最终注入渤海。黄河中、下游的分界点是河南的旧孟津，也就是今会盈镇。

　　在孟津江段以东便是闻名华夏的黄土高原。黄河中段流经黄土高原地区，夹带了大量泥沙。因此，当地有"九曲黄河十八弯，一碗河

■黄河下游风光

水半碗沙"之说。

在孟津以下，也就是河南郑州桃花峪以下的黄河河段为黄河下游。黄河下游几乎没有支流，主要是地上河，水道开阔，水流缓慢。

黄河下游河段长期淤积形成举世闻名的"地上悬河"，黄河约束在大堤内成为海河流域与淮河流域的分水岭。除大汶河由东平湖汇入外，黄河在这一河段没有较大的支流汇入。

通常的河道是河道底要低于其流经的地面的，而黄河在流经黄土高原地区时由于流速快，所经地段植被情况差，导致大量的泥沙被带走，而到了下游，流速变缓，于是大量的泥沙就沉积了下去，几千年长此积累，堆积在河床上，致使河床升高，地上河就此形成了。

泥沙的大量淤积使黄河下游河床不断上升，两岸地区每逢汛期都要面临着洪水的威胁。长期以来，人们采取修筑堤防的方式来约束洪水，致使河床与两岸地面的高差越来越大。黄河因此而成为高出两岸的"地上河"。地上河在一定条件下就决溢泛滥，改走新道。

黄河下游河道迁徙变化的剧烈程度，在所有河流中都是独一无二的。根据有文字记载，黄河曾经多次改道。河道变迁的范围，西起郑在蒙古巴彦淖尔盟西南部的磴口县，黄河河道比县城所在地平均高出4米至6米。 黄河奔流在中条山与秦岭之间，东行经河南孟津。由这里距黄河30千米处，就是我国著名的古都洛阳。

洛阳是我国七大古都之一，从东周起，先后九个朝代在此建都，被称为"九朝古都"。洛阳有着数千年文明史、建城史和建都史，我国古代伏羲、女娲、黄帝、唐尧、虞舜、夏禹等神话，多传于此。

洛阳，出河图洛书育三皇五帝，不仅是中华文明的发端之地，也是我国70%宗族大姓的起源地，全球亿客家人的祖籍地，儒、释、道三教的汇聚地。可以说，以洛阳为中心的河洛地区是中华文明的重要发祥地，而河洛文化是中华民族的根文化。

下游河段利津以下地区是黄河的河口段。黄河入

河图洛书 我国易学关于八卦来源的传说，最初指天赐的祥瑞。河洛之辞，最早见于《尚书·顾命》。相传，伏羲氏时，洛阳东北的黄河中浮出龙马，背负"河图"献给伏羲，伏羲依此而演成八卦，后为《周易》来源。又传大禹时，洛河中浮出神龟，背驮"洛书"，献给大禹，大禹依此治水成功，遂划天下为九州。

■ 黄河中下游风光

海口因泥沙淤积，不断延伸摆动，最终在渤海湾与莱州湾交汇处形成了黄河的入海口。

在这一地区最壮观的景象莫过于"大河流鱼"景观。随着黄河调水调沙大流量洪水的持续下泄，含有大量泥沙的浊流流向下游河道，高含沙量的河水使河水中供氧严重不足，导致鱼儿翻出水面，顺流而下，形成了大河"流鱼"的壮观景象。

黄河是中华民族的摇篮，因为这里曾经气候温暖，森林茂密，土地肥沃，自然资源丰富。早在远古时期，黄河中下游地区气候温和，雨量充沛，适宜于原始人类生存。

黄土高原和黄河冲积平原，土质疏松，易于垦殖，适于原始农牧业的发展。黄土的特性，利于先民们挖洞聚居。特殊的自然地理环境，为我国古代文明的发育提供了较好的条件。早在150万年前，西候度

三皇五帝 三皇指伏羲、神农、黄帝；五帝指少昊、颛顼、帝喾、尧、舜。原为传说中我国远古的部落首长。后借指远古时代。三皇五帝是我国在夏朝以前出现在传说中的"帝王"。从三皇时代到五帝时代，历数千年。三皇五帝是中华上古杰出首领的代表。

大美之河

壮丽山川

黄河入海口

猿人在现今山西省黄河边的芮城县境内出现，其后，100万年前的蓝田猿人和30万年前的大荔猿人在黄河岸边取鱼狩猎，生活繁衍，继续为黄河文明的诞生默默耕耘。7万年前山西襄汾丁村早期智人以及3万年前内蒙古乌审旗大沟湾晚期智人，奏响了黄河文明的序曲。

伟大的母亲河黄河，历经各朝代的治理和维护，以滔滔不绝之势滚滚东流，昭示着历史，演绎着传奇。

阅读链接

黄河两岸的人生性豪放，其饮宴与外地不同。在黄河下游，兔的习俗与文化源远流长，在当地民俗文化中占有重要位置。

传说很久以前，有一对修行千年的兔子得道成了仙。它们有4个可爱的女儿，各个白皙伶俐。

有一天，玉皇大帝召见雄兔上天宫。正当他来到南天门时，看到太白金星带领天将押着嫦娥从身边走去。兔仙不知发生了什么事，就问看守天门的天神。听完她的遭遇，兔仙觉得嫦娥关在月宫里，多么寂寞悲伤，要是有人陪伴就好了。他忽然想到自己的4个女儿，便把嫦娥的遭遇告诉妻子和女儿们。

女儿们明白了父亲的心，都表示愿意去陪伴嫦娥。他们最终决定让最小的女儿去月宫。于是小玉兔告别父母和姊妹们，到月宫陪伴嫦娥捣药去了。

远古遗存

黄河流域是中华文明的发祥地，数千年前，黄河流域就住着许多氏族和部落，其首领被尊为"三皇五帝"，为中华民族的发展做出了卓越贡献。在此时期，奠定了我国农业、经济和社会的基础。

勤劳勇敢的黄河先民，开创了古老而伟大的黄河文明，他们掌握了最古老的稻作种植技术，发明了最精美的陶器制作方法等。

黄河先民还创造了丰富的磁山文化、裴李岗文化、齐家文化、仰韶文化、马家窑文化、大汶口文化、龙山文化等，从广度和深度孕育了中华文明。

三皇五帝开创华夏文明

盘古开天辟地雕塑

传说那是在很久以前的远古时期，宇宙不像现在有日月星辰的轮转，没有天地昼夜，也没有山川河流、风云雷雨。整个宇宙混沌一团，像个大鸡蛋。这个大鸡蛋存在得太长久了，里面渐渐孕育了一个生命，他的名字叫盘古。

盘古长期生长在这混沌世界中，感到心烦气闷，便找来先天金石之精的斧凿，将混沌的世界劈开。于是，轻清飘逸的大气上升变成了明亮的蓝天，混浊厚重的尘土沉落下来凝成了厚实的大地。

天地分开之后，盘古担心有一天天会合起来，就手托蓝天，脚踏大地，将天地支撑起来。天每日升高3米，地每日增厚3米，盘古伟岸的身躯，也日复一日变得越来越高大。盘古像一根巍峨的顶梁柱子，矗立在天地之间，不让它们合拢。

盘古死后，身体各部分别化作风云雷电、日月星辰、山川湖泊、肥田沃土、树木花草等，一个美好的世界就这样诞生了。这就是盘古开天辟地的传说。

文明孕育

远古遗存

■ 女娲塑像

话说又过了几万年，天神女娲来到大地上。她睿智而仁慈，是从大地中生长出来的神。她生得人面蛇身，神通广大，一天中能变化70次。她在大地上行走，见世界荒凉，感到十分孤独，决心要在大地上创造一些有灵魂的东西。

女娲来到一处水洼处，蹲下身子，随手拿一块泥巴，仿造自己的样子捏造了一个小泥人。女娲看到自己塑造的作品，十分得意，向它吹了一口气，放到地上。小泥人一到地上，立刻有了生命。女娲非常兴奋，又连续捏了几个，都活了。于是，她开始不分昼夜地捏出了许多小生命。

不知过了多久，女娲疲倦了，她觉得速度太慢了，干脆就用芦草编了一条绳子，蘸着泥浆抡动，甩

盘古 是我国神话故事中的人物。关于盘古的传说有很多的版本，但是都普遍认同盘古是开天辟地的人物。在道教的传说中，鸿钧老祖的化身便是盘古，也有一说盘古是道教中元始天尊的化身。盘古神话是四大文明古国中保存最原始、最完整、最古老的创世神话。

■ 女娲塑像

华胥氏 中华上古时期一个传说人物，是我国母系氏族社会时期的一个著名的部落首领，后被当作中华民族在"三皇五帝"之前的人文共祖之一，中华民族共同的祖先宗族神。炎黄华夏及全体中华儿女都是由华胥氏部落发展而成。神话传说里华胥是伏羲、女娲的母亲，称为"华胥氏"。

动时溅落到周围地面的泥点也立即变成了许许多多的小人。最初的人类就这样被创造出来了。不久，人类足迹便布满了大地。

在我国远古时期遥远的西北，有一个极乐的国家，叫"华胥氏国"。这个国家没有首领，人们生活美满幸福，寿命也很长。他们落在水里淹不死，掉在火里烧不化，在天空如履平地。生活在这里的人们，可以说是地上的神仙。

在这个极乐的国土上，有个名叫"华胥氏"的姑娘。有一次，她到东方一个非常美丽的大沼泽"雷泽"去游玩，偶然看到泽边有一个巨人的大脚印，觉得这个脚印又奇怪又好玩，想比较一下脚印的大小，便用自己的脚去踩这个巨人的脚印。

谁知这一踩就有了某种感觉，后来她就怀了孕，生下了一个男孩，取名叫"伏羲"。

雷泽的主神是雷神，在那里留下脚印的就是他，所以人们都说伏羲是雷神的儿子。伏羲长得确实有些像雷神，是人面蛇身。说他是雷神的儿子，还因为他沿着一道天梯，能够自由自在地到天上去。

后来伏羲成了东方的上帝，辅佐他的是手里拿着一个矩尺的木神句芒，他和伏羲共同管理着春天。

伏羲对人们的贡献非常大。他曾经画出了八卦，这其中包括了天地万物的种种情况，于是那时候人们就用它来记载生活中发生的各种事情。

伏羲又把绳子编织起来，做成渔网，用来捕捞江河里的鱼。他看到人们都是手拿木棍到江河里去打鱼，他便把编织渔网的技术教给人们，使人们捕到许许多多的鱼。他手下的句芒从他编织渔网得到了启发，仿照他的办法编织出了鸟网，教人们去捕鸟。这对人们改善生活条件提供了良好适用的工具。

八卦 起源于人文始祖伏羲。伏羲是三皇之首，生于今甘肃天水。八卦表示事物自身变化的阴阳系统。用"—"代表阳，用"——"代表阴，用三个这样的符号，组成八种形式，叫作"八卦"。每一卦形代表一定的事物。八卦互相搭配又得到六十四卦，用来象征各种自然现象和人事现象。

■ 伏羲像

■ 伏羲画八卦图

炎帝 华夏始祖之一，与黄帝并称为"中华始祖"，我国远古时期部落首领。距今6000年至5500年左右，生于宝鸡姜水之岸。炎帝与黄帝结盟并逐渐形成了华夏族。因此形成了炎黄子孙。传说中的炎帝人身牛首。此外，另有八世炎帝之说。

然而伏羲对人类做出的最大贡献，是他将火种带给了人类。在人类没有火种的时期，吃的都是生冷食物，腥膻的生肉常常使人们生病；生的野菜和野果也使人们消化不良。看到这一切，伏羲的心中很难过。

有一次，伏羲来到天山，恰好遇到了大雷雨，霎时间电闪雷鸣，令人十分恐怖。突然，山林里燃起了熊熊的大火。原来，是雷电把干枯的树木引燃了。

这场大火使许多小动物都被烧死了。伏羲拾来这些烧焦的小动物尝了尝，味道非常可口，于是，伏羲便把火种留了下来。

他把这火种传给每一个人，教会人们用火把食物烤熟食用。人们吃了烤熟的食品，一个个身强体壮，无论捕鱼还是打猎都非常有气力，疾病也越来越少了。

后来，有一个神通广大的人出现了，他就是神农氏，也就是炎帝，传说他是一位非常慈爱的大神，生得牛头人身。

当他出世时，人类由于生育繁多，生产的食物已经不够吃了。于是，他就教给人类如何播种收获五谷，用自己的辛勤劳动来换取生活所需要的一切。

当炎帝要教给人类种五谷时，从天空纷纷降落下许多谷种，他把这些谷种收集起来，播种在开垦出来的土地上。

有一次，炎帝看到一只遍身通红的鸟，嘴里衔了一株带穗的禾苗在空中飞过，穗上的谷粒落在地上，炎帝便把它们拾起来种到了田里。这些谷物长成后，人们吃了既可以充饥，又可以长生不死。人类从此有了足够的粮食，生活开始安定下来。

那时候，人类共同劳动，互相帮助，既没有主人，也没有奴隶，收获的果实大家平均分配，人们就像亲兄弟亲姐妹一样亲密。

为了能让人类过上更加幸福的日子，炎帝让太阳发射出足够的光和热，让五谷孕育生长，使人们生活在温暖光明之中。

从此，人类再也不愁衣食，都非常感谢炎帝的恩德，便尊称他为"神农"。炎帝不但是农业之神，又是医药之神。他有一根神鞭，被称作"赭鞭"。他用这根鞭子来抽打各种各样的药草，药草经过赭鞭的抽打，有毒无毒或寒或热的各种药性就自然地呈现出来了。

■ 炎帝塑像

■ 上古时代三皇塑像

黄帝（前2717—前2599），华夏上古传说时代一位著名的部落联盟首领，是我国远古时代华夏民族的共主，居五帝之首，被尊为中华"人文初祖"。传说黄帝本姓公孙，居轩辕之丘，号轩辕氏，建都于有熊，亦称"有熊氏"。黄帝以统一华夏部落以及征服东夷、九黎族而统一中华的伟大功绩载入史册。

炎帝根据这些药草的不同药性用来给人们治病。为了更加确定药性，他亲自去品尝百草。有一次，他尝了有剧毒的断肠草，竟然烂掉了肠子。

炎帝看到人类衣食虽然富足了，但在生活上还有许多不方便，于是又让人们设立了市场，把彼此需要的东西拿到市场上去交换。在市场上，人们可用五谷换兽皮，或用珍珠交换石斧等。有了这种交换，人们的财富就更加丰富了。

那时没有钟表，也没有其他记录时间的方法，凭什么来确定交换时间呢？人们又不能放下手中的劳动整天守在市场上。

于是，炎帝又教给人们一个方法，当太阳照在头顶上的时候，人们就在市场上进行交易，过了这段时间，大家便自动离去，也就是散市了。人们很快按照炎帝的办法实行起来，真是既简便，又准确。

在炎帝的教育下，他的后代也为人类做出了许多贡献。他的重孙殳，制作了射箭用的箭靶，鼓和延又制作出了一种叫"钟"的乐器。后来，鼓和延两人又经过努力，创作了许多歌曲，使音乐在人间得到普及，使人们的生活更加丰富了。

自从盘古开天辟地以后，他的后裔诸神包括三皇及后来的五帝完成了创世需要的任务后，都入归神籍。伏羲氏、神农氏、女娲氏三皇也被神化为天皇、地皇和人皇。伏羲以天道泰德王天下，被尊为天皇泰帝。神农氏建立了农耕制度，以地道炎德王天下，被尊为地皇炎帝。女娲氏建立了婚姻制度，以人道伦德王天下，被尊为人皇娘娘。

对于五帝的说法是沿承三皇而来的，历史上则一般采取《史记·五帝本纪》的说法，是指黄帝、颛顼、帝喾、唐尧和虞舜五位帝王。在神话中五帝也指东、西、南、北、中方位的诸神。

继三皇五帝之后，人类迎来了一个崭新的时代。又因为五帝是中华上古杰出首领的代表，所以人们也把这个时代称为"三皇五帝时代"。

到了数千年以前，我国黄河流域和长江流域住着许多氏族和部落，其中黄帝是黄河流域最有名的一个部落首领，另一个有名

蚩尤 中华始祖之一，上古时代九黎族部落首长，关于他的身份，有各种不同的解释。约在4600多年以前，黄帝战胜炎帝后，与蚩尤部落展开了涿鹿之战，蚩尤战死，东夷、九黎等部族融入了炎黄部族，形成了今天中华民族的最早主体。

■ 蚩尤像

黄帝带领人们创造舟车

的部落首领叫炎帝。黄帝和炎帝后来成为联盟，共同成为炎黄子孙的祖先。

当时，在长江流域还有一个部落叫九黎族，其势力颇为强大，首领名叫蚩尤。蚩尤经常带领他强大的部落，侵略和骚扰其他部落。

有一次，蚩尤侵占了炎帝的地盘，炎帝起兵抵抗，但他不是蚩尤的对手，被蚩尤杀得一败涂地。炎帝没办法，逃到黄帝所在的地方涿鹿请求帮助。黄帝早就想除去这个部落的祸害，于是联合各部落首领，在涿鹿的田野上和蚩尤展开一场大决战，这就是著名的"涿鹿大战"。

经过许多次激烈的战斗，黄帝先后杀死了蚩尤的八十一个兄弟，并最终活捉了蚩尤。黄帝命令给蚩尤戴上枷锁，然后处死他。因为害怕蚩尤死后作怪，他的头和身子分别被葬在相距遥远的两个地方。蚩尤戴过的枷锁被扔在荒山上，化成了一片枫林，每一片血红的枫叶，都是蚩尤的斑斑血迹。

蚩尤死后，他勇猛的形象仍然让人畏惧，黄帝把他的形象画在军旗上，用来鼓励自己的军队勇敢作战，也用来恐吓敢于和他作对的部落。黄帝受到了许多部落的支持，渐渐成为所有部落的首领。

据传，黄帝与炎帝、蚩尤、颛顼氏、少皞氏都曾有过激烈的部落冲突。黄帝东征西伐，经过一场场激烈的战争和冲突，先后打败了炎帝、蚩尤，颛顼氏与太皞氏、少皞氏等。

被打败的部族迫于无奈，只好迁徙他处，他们的部族支裔也都四散流离，迁到了偏远地区。如少皞氏在战败之后，其主要力量迁徙到汾水流域，但仍有一部分还是留在了东夷地区，那些留下的居民则只能服从于胜利者的管辖。

黄帝不仅足智多谋，骁勇善战，而且多才多艺。黄帝有许多发明创造，如制造宫殿、造车、造船、制作五色衣裳等。

黄帝的妻子嫘祖也是一位发明家。本来，蚕只有野生的，人们还不知道蚕的用处，是嫘祖教人们养蚕、缫丝和织帛，从此，我国开始有了丝绸文明。据说，黄帝发明了亭子以后，嫘祖还发明了雨天必备的雨伞。

阅读链接

三皇五帝是我国在夏朝以前出现在传说中的"帝王"。从三皇时代到五帝时代，历年无确数，最少数千年。近代考古在中原地区发现的裴李岗文化、贾湖文化等，从7000年前至1万年前已经进入农业社会，其中出土的具有文字性质的龟骨契刻符号与约3000年前的殷商甲骨文有类同和相似之处。

三皇五帝是中华上古杰出首领的代表。三皇五帝存在有多种说法。基本上，无论是按照史书的记载，还是神话传说，都认为三皇所处的年代早于五帝的年代。

三皇时代距今久远，或在四五千年至七八千年以前乃至更为久远，时间跨度亦可能很大；而五帝时代则距夏朝不远，在4000多年前。

磁山文化开创粟的种植史

　　远古时期，在黄河中下游地区的河北武安磁山一带，气候温和，雨量充沛，非常适宜原始人类生存。这里是黄土高原和黄河冲积平原，十分利于原始农牧业的发展。

■ 原始人居室

■ 原始人生活场景

在1万多年前，有一批原始先民，他们逐水草而牧，逐水草而居，他们来到了黄河边，最后选择了黄淮平原，居高临水，在草木丰茂的宛丘定居下来，修建了圆形或椭圆形的半地穴式房屋。生活在磁山的人们已经开始"安居乐业"了。

这时，人们已经开始种植粟了。粟是一种一年生草本植物，子实为圆形或椭圆小粒。后来通称"谷子"，去皮后称为"小米"。

人们生活在黄河边，由于土地肥沃，水源充足，于是就大面积种植粟这种谷物，秋天收获后，小囤满，大仓满，人们过上了温饱的生活，开创了原始的农耕文明。有了剩余的粮食，人们又开始饲养起鸡、狗、猪等家禽和家畜，开创了原始的养殖业。

这里的人们已经能够用植物纤维织布了，他们穿着自己织的衣服，佩戴着骨蚌等饰物，完全脱离了低

半地穴式房屋
四周建有许多圆形或方形的小房屋，是氏族成员的住处，居住区周围有用于防护的壕沟。先人们先从地表向下挖出一个方形或圆形的穴坑，在穴坑中埋设立柱，沿坑壁用树枝捆绑成围墙，内外都抹上草泥，最后架设屋顶，这种房屋结构宜保暖。

■ 原始人用火

陶器 是指以黏土为胎，经过手捏、轮制、模塑等方法加工成型后，在800度至1000度高温下焙烧而成的物品。坯体不透明，有微孔，具有吸水性。陶器可区分为细陶和粗陶，白色或有色，无釉或有釉。品种有灰陶、红陶、白陶、彩陶和黑陶等。商代时就已经出现了釉陶和初具瓷器性质的硬釉陶。

等动物的生活状态，开始向高级人类过渡了。

人们为了生活的需要，还利用这里得天独厚的优势，利用黄河独特的黏性黄土，发明了制陶工艺，因而成为最早制作陶器的先民之一。尽管这时的制陶业还比较原始，处于手制阶段，火候不高，前期多夹砂褐陶，纹饰只有简单的绳纹、编织纹、篦纹等，但是，陶器的发明是人类历史上的一大进步，也成为后来中华民族璀璨文化之一。

这里的人们又用最原始的陶蓍草器、圭盘等来圭卜日影，这就是后来的"日历"，他们已经能够准确地掌握时辰、节气了，以便他们祭祀和占卜，也便于用来指导农耕农收。

人们还把收获的谷子脱皮以后，用钻木取火的方式，放在鸟头形支架三足平底盂的最早炊具里熬小米粥，还用来炖鸡肉和排骨等。

人们还用最原始的文字符号，在陶器上记录下当时生产生活的场景，这为我国后来文字的发展演变奠定了坚实的基础。他们不仅用原始的测量工具丈量土地，建造圆形房基，而且还测量挖掘了四周垂直并有棱有角的储粮窖穴。

磁山这个灵秀之地，在当时比其他地方要进步几百年，甚至几千年。人们在这里劳动、生息，创造了灿烂的古代文明，从而成了中华民族古老的文化发祥地，也成了后来河洛文化的核心。

后来，在河北南部武安磁山村东的南洺河北岸台地上发现了一处古人类文化遗址，并命名为"磁山文化"。整个遗址总面积近14万平方米，主要分布在冀南、豫北等地，年代距今1万年至8700年。

磁山文化的发现，填补了我国早期新石器时代文化的重要缺环，为研究和探索我国新石器时代早期文

■ 原始人耕种场景

伏羲 传说他是个大发明家，也是中华民族人文始祖，是我国古籍中记载的最早的王，他所处时代约为新石器时代早期。他根据天地万物的变化，发明创造了八卦，成了我国古文字的发端，也结束了"结绳记事"的历史。他教会了人们渔猎的方法，发明了瑟，创作了《驾辨》曲。

化提供了丰富、宝贵的地下实物资料。

磁山文化与农业起源、伏羲文化、《周易》发展演变、我国古代历法的形成、制陶业的发展、数学、美学、建筑学等都有着直接的关系。磁山文化是中华文化和东方文明发祥地之一，在我国有着非常重要的地位。

在距今1万至8700年的全新世早期，北方气候相对干凉，更适合黍粟的栽培，因此，磁山不仅是粟的发祥地，更是黍的起源地。

磁山文化与我国远古伏羲文化完全一致。磁山距我国历史文化名城、七大古都之首甲骨文的故乡、《归藏易》和《周易》发祥地安阳仅80千米，距祭祀女娲皇宫的涉县不足百里，两地不远，时间一致，文化相同，地理位置有着紧密的联系。

"参天之木，必有其根，怀山之水，必有其

■ 原始人劳作场景

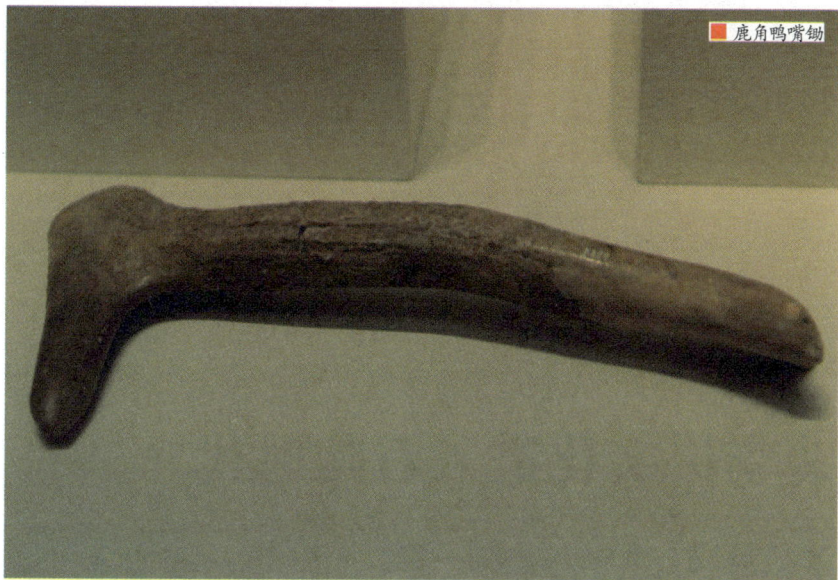
鹿角鸭嘴锄

源"。磁山文化属伏羲神农时期，太昊伏羲作为我国历史记载的中华始祖，开创了华夏文明，磁山文化自然是其先导之一。

磁山原始人类是黄河流域中原地区的一支强大部落，他们在这里创造了人类的最早文明，可谓是最原始的"政治、经济、文化"交流中心。磁山文化遗址历史悠久，真正称得上是"华夏第一都城"，为后来的华夏文明奠定了坚实的基础。

阅读链接

1972年冬，磁山村群众在村东台地开挖水渠时，意外地发现了一座在地下沉睡了7000多年之久的"原始村落"，从而揭开了黄河流域早期新石器文化探索的序幕。

1976年至1978年，人们在这里进行了3次发掘，发掘面积共达6000平方米，文化层厚一两米，不少窖穴深达六七米。

2010年，磁山文化博物馆工作人员从一处坍塌的文化层中发现部分表面附着有植物颗粒的白色块状物体，有关专家认为可能系远古时期的"面粉"。

裴李岗文化进入石陶时代

  在黄河中游地区，大约在8000年以前，生活着一个古老的民族少典氏族，他们开启了有史以来我国石器和陶器并用的特殊时代。比起磁山时期的先民，少典氏族已经不再过着漂浮不定的游牧生活，无论

原始人捕鱼

是生产还是生活都比以前更为进步。

■ 原始人生活场景

　　这一时期的黄河中游，土壤相当肥沃，遍地草木，水源丰富，因此少典居民最终选择在裴李岗定居下来，过上了轻松惬意的生活。前来这里的人越来越多，人们依据黄土高原独特的地理资源，因地制宜地建造半地穴式建筑。

　　房屋以圆形为主，也有较少的方形房屋，房屋内还建有阶梯式门道，以便出入。有的人也在丘岗临河处搭建茅屋，茅屋有单间、双开间、三开间或四开间不等。临河而居的住所更便于人们从事渔猎经济，渐渐地这里形成了规模庞大的村落。

　　整个村落由高向低顺势而建，经过一片慢坡后与水势汹涌的双洎河相接。双洎河与溱河汇合后，又向南流经村落的西部，然后紧靠村落南部折流向东，形成一个河湾，整个村庄就环抱在河湾东岸的台地上。

少典 传说是伏羲和女娲之子、华胥氏之孙、炎帝和黄帝之父。少典也是原始社会时期有熊部落的首领，大多史料都称黄帝为"有熊氏"。少典也是一个国家的名称，是黄帝、炎帝两氏族之祖，非指炎黄二人。

此时，少典居民已经进入锄耕农业阶段，处于以原始农业、手工业为主，以家庭饲养和渔猎业为辅的母系氏族社会。

在一望无际的田野里，人们用耒耜、石斧和石铲等进行耕作，种植粟类作物。除了农耕，男人们还用鱼镖和骨镞等工具从事渔猎生产。

女人们则在家里照看孩子、加工粮食，并在木栅栏里和洞穴中饲养猪、狗、牛、羊、鹿、鸡等家畜和家禽。她们会用鼎之类的陶器在灶上做饭，用陶纺轮和骨针等缝制苎麻一类的衣服。有的居民还在家园附近种植一些枣树和核桃树，以供秋季果实成熟采集食用。

■ 裴李岗文化陶器双耳壶

在生产劳作之余，他们也拥有自己简单的文化生活，如在龟甲、骨器和石器上契刻符号式的原始文字用以记事，或将烧制的陶器工艺品摆放在屋里观赏。

每当闲暇节庆之日，男人便拿起石片、陶片等，和着七孔骨笛准确的音律进行伴奏，女人们则打扮得花枝招展，发髻梳得高高的，头上插着骨笄，身上佩戴着骨饰和绿松石等欢乐地跳舞，庆贺丰收的喜悦或某些重大喜事。

人们日常用具应用较多的是陶器。在裴里岗人们

母系氏族 氏族社会的早、中期为母系氏族，也就是建立在母系血缘关系上的社会组织，妇女在生产和经济生活中、在社会上受到尊敬，处于主导地位。母系氏族实行原始共产制与平均分配劳动产品。

建起了许多陶窑，手工制作精美的陶器，创造了我国已知的最早期的陶器文明。

这一时期的陶器以泥质红陶数量最多，占陶器总数的半数以上，夹砂红陶次之，泥质灰陶则最少。陶器大多为泥条盘筑，有纹饰的器物较少。人们日用陶器有钵、缸、杯、壶、罐、瓮、盆、甑、碗、勺和鼎等。偶尔，人们也烧制陶猪头、陶羊头和陶人头等美观大方、形象逼真的艺术品，摆放家中作为观赏或装饰物。

在日常生活中，人们除了广泛应用陶器外，常见的日用工具就是磨制石器，如石斧、石铲、石磨盘、石磨棒、石镰等。

石磨盘是原始社会晚期的遗物，是碾谷物的生产工具。石磨盘是用整块的砂岩石磨制而成，形状像一块长石板。其两头呈圆弧形，鞋底状，长期使用后正面会有稍凹。大多石磨盘的底部有4个圆柱状的磨盘

耒耜　古代的一种翻土农具，形如木叉，上有曲柄，下面是犁头，用以松土，可看作犁的前身。"耒"是汉字部首之一，从"耒"的字，与原始农具或耕作有关。耒耜的发明开创了我国农耕文化。

■ 裴李岗文化出土石磨盘

■ 裴李岗古代陶器

腿，与其配套使用的是石磨棒，石磨棒常被搁置一边，以备用。

在如此遥远的时代，人类就能够用整块石板琢磨出可供谷物脱壳的加工工具，这是一种凝聚着原始人类高度智慧的生产工具。这些先民开创了我国新石器时代早期的文化，也是中华民族文明的起步文化。

这一时期的人们已经建有自己的公共氏族墓地。人们对死者的安葬也有一定的讲究，这就是中原最古老的文明最真实的写照。数千年以后，经过风雨的荡涤，这里的早期文明被淹没于地下，但是任何力量也无法改变永恒的历史。

裴李岗文化是黄河中游地区的新石器时代文化，分布范围以新郑为中心，东至河南东部，西至河南西部，南至大别山，北至太行山的广阔领域。

在裴李岗文化遗址中，有大量的墓葬，共114座、陶窑1座、灰坑10多个，还有几处残破的穴居房基。共出土各种器物400多件，包括石器、陶器、骨

器以及陶纺轮、陶塑猪头、羊头等原始艺术品。

裴李岗文化的重要遗址还包括临汝中山寨遗址、贾湖遗址等。裴李岗文化遗址的发现，填补了我国仰韶文化以前新石器时代早期的一段历史空白，堪称中华民族文明的起步文化。

裴李岗文化与河北武安县的磁山文化和陕西华阴县的老官台文化相比，处于领先地位。

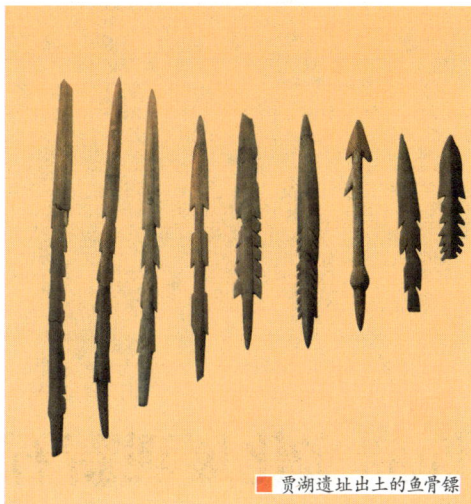
■ 贾湖遗址出土的鱼骨镖

在人类文明初露曙光之际，裴李岗人已经具有非凡的能力，他们利用自己笨拙的双手和从猿向人类过渡时期极为有限的智慧，战胜恶劣的自然环境，建立起古老的氏族村落，并将他们所创造出的辉煌灿烂的古老文明，作为一份珍贵的厚礼馈赠给后世子孙。

裴李岗文化开启了我国石陶并用的时代，是中原先民独自创造的伟大文明，它在我国古文明的发展进程中，无论是在科学、农业或者是文化、艺术等诸多方面都做出了巨大的贡献。

阅读链接

20世纪50年代，新郑县城北新村乡裴李岗村一带农民在田野耕种时，不断挖出一些形状奇特的石斧、石铲、石磨盘、石磨棒、陶壶等，不知为何物，于是就把这些远古的遗物搬回家中，充当捶布石、洗衣板，或者是用来垫猪圈、垒院墙……

1977年至1982年春，考古工作者先后对新郑县的裴李岗、唐户和沙窝李遗址进行发掘，其中对裴李岗和沙窝李进行了5次较大规模发掘。并将裴李岗遗存命名为"裴李岗文化"。

仰韶文化展现新石器时代

　　仰韶文化主要存在于河南省三门峡市渑池县仰韶村，是我国黄河上游地区重要的新石器时代文化。仰韶文化的持续时间在公元前5000年至公元前3000年，分布在整个黄河上中游地区。

古代房屋模型

半坡人狩猎捕鱼

仰韶文化分布广泛，历史悠久，内涵丰富，影响深远，是我国黄河流域华夏文化的主要代表。

当时，人们把住所建在河流两岸经长期侵蚀而形成的阶地上，或在两河汇流处较高而平坦的地方。因为这样的地形土地肥沃，有利于农业和畜牧的发展，也利于人们日常取水和交通。

后来，人们从半地穴房屋走了出来，把房屋建在了地面上。房屋采用的全是木骨架，并用草泥抹筑成墙，建造向心的建筑。

建造房屋时，人们先在地上挖出一个圆形或方形的坑，在坑中埋设立柱，然后用树枝等材料沿坑壁建起围墙，有的还在内外抹上草泥，以增强牢固性。

最后在立柱和围墙上架设屋顶。房屋多为方形，采用立柱架梁的木结构和"人"字形两檐斜屋顶，房间也有主次空间的区分，开了我国建筑史上土木混构的先河。

日出而作日落而息，人们就在这里繁衍生息，逐渐形成了井然有序的大规模的村落。

生产工具的进步促进了农业的发达。人们的主要粮食作物是粟、白菜和芥菜，我国因而也成为最早种植粟和芥菜的国家。半坡居民饲养猪和狗等家畜，还用骨制的箭头、鱼叉和鱼钩等外出打猎和捕鱼。

除了农业，先人也从事狩猎、捕鱼和采集等活动。那时的农作物主要是粟和黍，饲养的家畜主要是猪和狗。

人们普遍使用磨制石器，常见的有刀、斧、锛、凿、箭头等，生活工具有纺织用的石纺轮等。除了石器，人们也制造一些必备的骨器，有些骨器的制作相当精致。

仰韶文化制陶业发达，较好地掌握了选用陶土、造型、装饰等工序。人们会手制精美的彩陶，其彩陶器造型优美，表面用红彩或黑彩画出绚丽多彩的几何形图案和动物形花纹，其中人面形纹、鱼纹、鹿纹、

■ 仰韶文化制陶场景图

蛙纹与鸟纹等形象逼真生动。

陶器已经开始广泛应用在人们日常生活中，如各种水器、甑、灶、鼎、碗、杯、盆、罐和瓮等。陶器多用泥条盘成器形，然后将器壁拍平制造。

此外，他们还会采用磨光、拍印等装饰手法制作双耳尖底瓶，线条流畅、匀称，极具艺术美感。

这些陶器均以细泥红陶和夹砂红褐陶为主，因而呈现出独特的红色。制陶工艺的成熟和彩陶的制作也成为我国新石器时代最丰盛繁华的时期。

这一时期属于母系氏族公社制的繁荣时期。人们不仅有固定的居住区、制陶区，还建有公共墓地，盛行集体合葬和同性合葬。经常是几百人埋在一个公共墓地，排列井然有序。各墓规模和随葬品差别并不悬殊，但女子随葬品略多于男子。

数千年以后，在仰韶一带发掘出近百处新石器时代文化遗址，出土文物都反映出比较统一的文化特征。因而，人们就把这一时期的遗址定为仰韶文化遗址。

由于时间跨度与分布地域的不同，仰韶文化主要分为半坡类型、庙底沟类型以及西王村三大类型。

半坡遗址所存面积约5万平方米，向人们生动地展现了五六千年前，处于母系氏族社会繁荣时期的半坡先民们的生产与生活情景。半坡居民大多住在半地穴的房屋里，屋内有灶炕，供炊煮和取暖用。

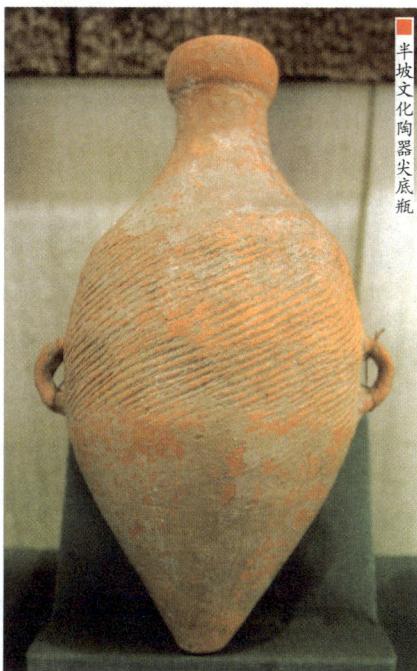

礼器 我国古代贵族在举行祭祀、宴飨、征伐及丧葬等礼仪活动中使用的器物，用来表明使用者的身份、等级与权力。我国最早的礼器出现在夏商周时期，是陈设在宗庙或者是宫殿中的器物。

不少出土的彩陶器为艺术珍品，如水鸟啄鱼纹船形壶、人面鱼纹彩陶盆、鱼蛙纹彩陶盆、鹳衔鱼纹彩陶缸等。

陶塑艺术品也很精彩，有附饰在陶器上的各种动物塑像，如隼形饰、羊头器钮、鸟形盖把、人面头像、壁虎及鹰等，皆栩栩如生。

在半坡等地的彩陶钵口沿黑宽带纹上，还发现有50多种刻画符号，可能具有原始文字的性质。在濮阳西水坡又发现用蚌壳摆塑的龙虎图案，是我国最完整的原始时代龙虎形象。

庙底沟遗址位于河南的青龙漳南岸，总面积约36.2万平方米。遗址内包括仰韶文化遗存和仰韶文化向龙山文化过渡时期的遗存。其中，庙底沟类型文化的分布范围，包括陕西关中、山西南部以及河南西部的广大地区，而且影响范围很大，是仰韶文化中最为

■ 仰韶文化彩绘陶壶

■ 半坡房屋遗址

繁盛的一种类型。

庙底沟二期文化则承袭仰韶文化发展而来，后来发展成为河南龙山文化。遗址内出土有大量的石器、骨器、陶器等遗物。陶器以红底黑花为特点，其纹饰、造型已显示出礼器的先兆。

庙底沟遗址的发现证明中华民族的祖先从远古时代起，经过仰韶文化、龙山文化等，在黄河流域不断地发展并创造了高度的文明。

仰韶文化是黄河流域影响最大的一种原始文化，它纵横1000千米，绵延数千年，在世界范围内来说，也是首屈一指的。

仰韶文化遗址中的诸多考古发现，如陶器制造、纺织做衣、绘画雕塑、文字、历法、宫室营建等，同文献记载中炎帝黄帝时代的创造发明相吻合。

仰韶文化时期，黄河流域基本上已由穴居、半穴

历法 是用年、月、日等时间单位计算时间的方法，主要分为阳历、阴历和阴阳历三种。阳历即太阳历，其历年为一个回归年，简称为"阳历"，阴历也称"月亮历"，或称"太阴历"，其历月是一个朔望月，历年为12个朔望月。历法中还包含其他时间单位，有节气、世纪和年代。

■ 仰韶文化彩陶碗

方格纹 这种纹多出现于陶器上，有大小、粗细、凹凸及长方格、双线方格、斜方格等。并有刻画、排印和彩绘几种。刻画在新石器时代早期陶器上已经出现，原始瓷器上也常见，汉代以后少见。彩绘见于仰韶文化、大溪文化和半山、马厂、马家窑类型彩陶上，这种纹也叫"网格纹""网状纹""方格网纹"。

居状态进入到地面木构建筑的时代。举世闻名的西安半坡遗址是新石器中期村落的典型代表，生动展示了华夏居室村落的缘起和进化变革。

黄河流域古城堡历史较丰富，在仰韶文化晚期就建有古城堡。郑州西山古城址是仰韶文化的遗存，距今5300年至4800年。

洛宁县新石器时代"西王村遗址"位于洛宁县赵村乡西王村南洛河南岸的二级台地上。整个遗址大致呈长方形，南北长1500余米，东西宽300米，所处地势西高东低。

该遗址文化内涵丰富，从断崖上看文化层厚约13米，仅陶器就有泥质红陶、夹砂红陶、彩陶和泥质磨光黑陶等，纹饰有方格纹、篮纹、素面、划纹等。

这一遗址的发现对研究洛河流域该时期文化分

布、发展及同其他文化类型之间的关系，提供了可靠的实物资料。

后人把黄帝奉为中华民族的祖先，在黄帝出生地河南省新郑市有黄帝宫，在陕西黄陵县有黄帝陵。世界各地的炎黄子孙，都把黄河流域认作中华民族的摇篮，称黄河为"母亲河"，为"四渎之宗"，视黄土地为自己的"根"。半坡氏族就是黄帝时期母系氏族早期的生活见证。

黄、炎两族最终合并后，黄帝族、炎帝族和九黎族三个部落，逐步形成以黄帝族为主，相互融合的一个部落，黄帝就成了我国多民族国家的共同祖先。后来，各族都认为自己是黄帝的后代，自称为"炎黄子孙"。

阅读链接

1958年，黄河水库考古工作队在陕西柳子镇东南发掘出元君庙墓地。元君庙墓地是属于黄河中游新石器时代仰韶文化的墓地，也是一处基本保存完整的半坡类型墓地。在墓地北面存在着同时期的居住地，还存有少量的老官台文化遗存。

墓地内有57座墓葬。合葬墓中的死者，占墓地死者总数的92％。人骨均为仰身直肢，或被整齐地成堆放置在一起，头皆向西。除个别墓葬用卵石垒砌"椁室"，或用红烧草泥土块铺砌墓底外，都是无葬具的土坑竖穴墓。主要随葬器物有陶器、骨器等。

元君庙墓地反映了当时存在家族、氏族、部落的社会组织情况。在元君庙墓地，女性墓的随葬品一般多于男性墓，还存在着对少数成年女性和女孩实行厚葬的现象，后者反映了当时存在着重女孩的习俗。

在处于锄耕农业生产阶段的半坡类型社会中，劳动分工使妇女在社会生产中占着重要地位。元君庙的仰韶文化半坡类型居民处于母系氏族社会时期。

马家窑文化开创彩陶巅峰

马家窑文化折带纹彩陶鼓

传说在很久以前，天空上同时出现了10个太阳。土地被烤焦，庄稼被烘干，人们热得喘不过气来，倒在地上昏迷不醒。

人间的灾难惊动了天帝，天帝命令善于射箭的大羿下凡到人间，以解除人间的苦难。于是，大羿带着天帝赐给他的一张红色的弓，一口袋白色的箭，还带着他美丽的妻子嫦娥一起来到了人间。

10个太阳在天空发出一

阵阵嘲笑，大羿从肩上拿下那红色的弓，取出白色的箭，向骄横的太阳射去。"嗖"的一箭射出，只见天空中流火乱飞，火球无声爆裂。接着，一团红亮亮的东西坠落在地面上。

人们纷纷跑到近前去探看，原来是一只乌鸦，颜色金黄，硕大无比，想来就是太阳精魂的化身。再看天上，太阳少了一个，空气也似乎凉爽一些，人们不由得齐声喝彩。

■ 马家窑文化圆圈纹彩陶壶

大羿受到了极大的鼓舞，他不顾一切用尽浑身气力，连连发箭，只见天空中的火球一个个破裂，霎时间满天流火。

顷刻间，10个太阳就被大羿射去了9个。大羿把最后一个太阳保留在天上，令其朝出暮归，为人类造福。这就是有名的大羿射日的故事。

这个神话传说，最先被5700多年以前生活在黄河上游的马家窑先民活灵活现地演绎在彩陶盆上。

在彩陶盆的最上层有10个亮圆，代表了天上有10个太阳，中间有9个，代表被大羿射掉了9个，最中间一个代表了还剩一个太阳。而每个太阳的中间都有一只鸟头，代表了太阳鸟也就是金鸟。整个工艺精美绝伦，堪称世界级精品。

大羿 是上古时代的传说人物。他善于射箭，曾助尧帝射九日。传说十日齐出，祸害苍生。天帝就派擅长射箭的羿下凡解除灾祸。羿射九日，只留一日，给大地带来复苏的生机，人们遥尊称他为"大羿"。

垂弧锯齿纹彩陶罐

这一时期，黄河上游地区的马家窑及甘肃、青海境内的洮河、大夏河及湟水流域一带生活着一个古老的民族。那时的黄河及其支流两岸的台地，接近水源，水草丰茂，土壤发育良好，人们安居乐业，过着衣食无忧的生活。

多数居民仍然居住在半地穴式的房屋中，也有少数居民在平地上建起形状不等的房屋。房屋有方形、圆形和分间三大类，最常见的还是方形的房屋。

适宜的环境加之丰富的水源，使人们的生活水平较以前大为提高。这时，黄河流域的农业经济比较进步，但采集和狩猎仍是经济生活的重要方面。

人们狩猎的工具以石器和骨器为主，工具主要有石镞、骨镞、石球等。在茂密的丛林中，时常有各种动物出没，便于人类捕杀的鹿和野猪等野生动物成为人们争相猎捕的目标。

白天，男人外出狩猎，女人则负责采集和照看孩子。生活在其乐融融的世界里。人们在劳作之余，还精心地饲养了猪、狗、羊等家畜，居民的饮食结构也得到极大的改善。

生老病死，人之常情。马家窑居民很注重人死后的安葬。他们在与住地相邻的地方建造公共墓地。最大的公共墓地有墓葬2000多座。

当时非常盛行土坑墓，土坑墓又分为多种类型，多为长方形、方形和圆形。墓葬排列并没有过多的规则，多数呈东或东南方向排列。

这一时期的葬式因年代和地区的不同而有所变化，分为仰身直肢、侧身屈肢和二次葬。多数的墓葬内都要有随葬品，随葬品主要以生产工具、生活用具和装饰品等为主，也有少数随葬粮食的墓葬。

由于男女间已有了明显的劳动分工，人们死后，男性的随葬品多是石斧、石锛和石凿等工具，女性多是纺轮和日用陶器。

随葬品在数量和质量上都存在着差别，而且越到晚期差别越大。贫富差别的增大，标志着原始社会逐步走向解体。

这一时期，马家窑居民最引世人注目的就是其丰富多彩、技艺精湛的彩陶器。各种器型丰富多姿，图案绚丽多彩，极富于变化，是世界彩陶发展史上无与伦比的奇观，是人类远古先民创造的最灿烂的文化，是彩陶艺术发展的顶峰。马家窑的陶器大多以泥条盘

二次葬 我国原始社会的一种葬俗。即在人死后先放置一个地方，或是用土掩埋，待几年之后，尸体腐烂以后，再重新起死者遗骸迁到另一个地方举行第二次埋葬。亦称为"洗骨葬"或"捡骨葬"。

■ 原始人生活场景

中国画 我国古代称为"丹青"，主要指的是画在绢、宣纸、帛上并加以装裱的卷轴画。汉族传统绘画形式是用毛笔蘸水、墨、彩作画于绢或纸上，这个画种被称为"中国画"，简称"国画"。题材可分人物、山水、花鸟等，技法可分工笔和写意。

筑法成型，陶质呈橙黄色，器表打磨得非常细腻。

马家窑地区的制陶工艺已开始使用慢轮修坯，并利用转轮绘制同心圆纹、弦纹和平行线等纹饰，表现出了娴熟的绘画技巧。彩陶早期以纯黑彩绘花纹为主，中期使用纯黑彩和黑、红二彩相间绘制花纹，晚期多以黑、红二彩并用绘制花纹。

这一时期制陶的社会分工开始专业化，建有许多窑场，出现了专门的制陶工匠师，这就使彩陶得以大批量地生产，彩陶的发达也成为马家窑文化显著的特点。

在我国发现的所有彩陶文化中，马家窑文化彩陶比例是最高的，而且它的内彩也特别发达，图案的时代特点十分鲜明。

彩陶是我国文化的根，绘画的源，马家窑居民创造了中国画最早的形式。人们在彩陶的绘制中开始以毛笔作为绘画工具，以线条作为造型手段，并以黑色为主要基调，奠定了中国画发展的历史基础与以线描为特征的基本形式。

马家窑先民将史前文化的发展推向了登峰造极的高度，这一时期的彩陶图画，就是神奇丰富的史前"中国画"。

3000多年以后，这一特殊的文化在甘肃的马家窑发现并因之定名为"马家窑文化"。它不仅

■ 马家窑遗址出土的叶形纹彩陶铃

是工业文明、农业文明的源头，同时它源远流长地孕育了我国文化艺术的起源与发展。

马家窑文化为新石器晚期的文化，是仰韶文化向西发展的一种地方类型。马家窑文化以一种独立的文化形态向世人展示了图案精美、内涵丰富、数量众多的代表上古时期华夏文化的彩陶器皿。

马家窑的彩陶画有力地证明了中华龙的形成起源于蛙纹，从而使我国的彩陶技术达到了世界巅峰。

马家窑文化遗址包括石岭下遗址、马家窑遗址、半山遗址和马厂遗址等4个类型。马家窑文化产生在遥远的史前时代。

它犹如黄河浪尖上的水珠，引领着浪涛的起伏，臻成彩陶艺术的高峰。它留下的极其丰富的图案世界，永远是人类取之不尽的艺术宝库。它的欣赏价值是任何艺术都不能代替的。

文明孕育

远古遗存

马家窑波折纹彩陶瓶

阅读链接

马家窑遗址虽然发现较早，但以其命名却是20世纪40年代的事。对马家窑文化的命名，以及是否将半山、马厂类型包括在内，考古界曾有过许多争议。

最早对马家窑遗址进行调查发掘的考古学家将临洮的马家窑遗存和广河的半山遗存，合称为"仰韶期"或"仰韶文化"。为了与河南、陕西的仰韶文化加以区别，也称之为"甘肃仰韶文化"。

后来，考古学家到甘肃进行考古工作，为了确定马家窑期与寺洼期墓葬的关系，发掘了临洮寺洼山遗址。这才认识到甘肃仰韶文化与河南仰韶文化有诸多不同，认为应将临洮的马家窑遗址作为代表，另定名称，称之为"马家窑期"或"马家窑文化"。

新石器后期的大汶口文化

　　在黄河沿岸山东泰安南部大汶河的北岸，在公元前4300年至公元前2500年的远古时期，曾是一片广袤的田地。这里土质肥沃，水源充足，地下资源极为丰富。

■原始人狩猎场景

■ 原始人制陶

肥沃的土壤、丰富的水源为农业生产提供了得天独厚的地理条件，随处可见大面积的农作物。碧绿的田野，随风起伏的粟田，田野上劳作的人们，组成一幅欢乐祥和的生活图景。

除了种植农作物外，人们还兼营狩猎和捕鱼业，饲养牛、羊、猪、狗等家畜。

在大汶河的北岸靠近河岸的台地上和平原地带的高地上，分布着许多大小不一的村落。

多数的居民结束了居住半地穴式房屋的生活。人们选择向阳的开阔地建造自己的家园。

这一时期，人们居住的房屋已不再是单纯的方形或圆形建筑，建筑时，人们先在地坪上挖好基槽，然后在槽内填满土再夯实。这种建筑方法极大地提高了房屋的稳固性和坚固性。通常，在房屋的附近，人们会挖掘形状不等的窖穴，用来储藏东西。窖穴有圆形竖穴和椭圆形竖穴两种。

这一时期，手工业经济也发展到较高的水平。制陶业、玉石制造

鼎 青铜器的最重要物种之一，是用以烹煮肉和盛贮肉类的器具。从夏、商周三代至秦汉的2000多年，鼎一直是最常见和最神秘的礼器。通常鼎有三足的圆鼎和四足的方鼎两类，又可分有盖和无盖两种。有一种成组的鼎，称为"列鼎"。列鼎的数目在周朝代表不同的身份等级，通常为单数。

业从农业中分离出来，成为独立的经济部门。

这一时期的制陶技术较前已有很大提高。制陶仍以手制为主，后来逐渐发展为快轮制陶器。人们能熟练地用快转陶车来制造陶器，技艺精湛的制陶工匠能把陶烧到900摄氏度至1000摄氏度。

快轮制陶技术得到普遍采用后，磨光黑陶数量更多，质量更精，烧出了薄如蛋壳的器物，表面光亮如漆，是我国制陶史上的鼎盛时期。

人们日常生活中所使用的器型有鼎、鬶、盉、豆、尊、单耳杯、觚形杯、高领罐和背水壶等，都是采用先进的快轮制陶技术烧制而成的。

黑陶和白陶是这一时期制陶业中出现的两个新品种，许多陶器表面磨光，纹饰有划纹、弦纹、篮纹、圆圈纹、三角印纹、镂孔等。然而，这里的彩陶较少但却富有特色，彩色陶器有红、黑、白三种颜色，纹

■ 大汶口白陶鬶

样有圈点、几何图案、花叶等。

白陶的出现有重大意义，白陶上有的还有图案花纹，它为以后瓷器的制作奠定了技术基础。

在制造精美的陶器的同时，雕塑工艺也应运而生。精致的雕塑品具有较高的艺术水平，人们死后多以此作为墓内的随葬品。

来自能工巧匠的雕塑品有象牙雕筒、象牙琮、象牙梳、雕刻骨珠、骨雕筒、骨梳，牙雕饰、嵌绿松石的骨筒、雕花骨匕、穿孔玉铲、玉珠以及陶塑动物等。这些雕塑品造型优美，制作相当精细，是颇具特色的艺术作品。

当时居民中盛行枕骨人工变形和青春期拔除一对侧上门齿，有的长期口含小石球或陶球，造成颌骨内缩变形。还流行在死者腰部放龟甲，死者手握獐牙或獐牙钩形器。这些习俗为我国其他史前文化所罕见。

大汶口地区的许多刻画符号就是古老的象形文字，人们在陶尊上刻陶文，可视作古老的记录文字。

人们使用的生产工具有磨制的石斧、石锛、石凿和磨制骨器，而骨针磨制之精细，堪称世界一绝。

随着生产力的发展，社会生产的劳动者性别先后发生了很大的变化。男子主要从事劳动生产，已成为社会生产特别是农业生产的主要担当者。女子则在家照顾老小，从事一些纺织活动。社会已经从母系氏族

■ 大汶口文化陶壶

盉 古代盛酒器。是古人调和酒、水的器具，用水来调和酒味的浓淡。盉的形状较多，一般是圆口，深腹，有盖，前有流，后有鋬，下有三足或四足，盖和鋬之间有链相连接。青铜盉出现在商代早期，盛行于商晚期和西周，流行到春秋战国，后来的青铜盉多有创意的造型和纹饰。

■ 大汶口文化遗址
出土的背壶

泰山 位于山东省泰安市。是"五岳"之首，又称"东岳"，是中华十大名山之首，自古以来，我国人民就崇拜泰山，有"泰山安，四海皆安"的说法。古代帝王登基之初，太平之岁，多来泰山举行封禅大典，祭告天地。

公社阶段发展到父系氏族公社阶段了。

这一时期的晚期，随着生产的发展私有制开始出现，私有制的产生和发展，也导致贫富两极分化，在氏族内部出现富有者和贫穷者。富有的人死后修建一定规模的大墓，随葬品非常丰富。贫穷的人只能以小墓安葬，几乎没有随葬品或极少量的随葬品。

人们的墓葬多埋于集中的墓地。每一墓地的墓葬排列有序，死者头向一致。墓室多为长方形竖穴土坑，有的仅有棺，但也有棺椁皆备的。葬式一般为单身仰身直肢葬，也有两人合葬或多人合葬的。多人合葬，少则3人，多则达23人。同时，也有夫妻合葬和夫妻带小孩的合葬。

此外，还有一些无头葬、无尸葬和"迁出葬"。迁出葬，就是将墓内部分骨骼迁移他处，而在原葬墓内仍保留死者的部分骨骼。葬式有屈肢葬、俯身葬和重叠葬等。墓内多数无任何随葬品。

凡有随葬品的墓，随葬品的多少十分悬殊。少者一两件，多者百件以上。

有的女性墓葬，墓坑东西长4.2米，南北宽3.2米，墓底有二层台和涂漆棺椁。随葬品有装饰于头和颈部的3串77件石质饰品，玉臂环、玉指环、腹部置玉铲、象牙雕筒、骨雕筒、象牙梳等。有的陶器随葬品多达90余件。

随葬品的悬殊，反映了社会上的贫富差异日趋明显。

3000年以后，这一特殊的原始人类遗址被发现。因首次发现于山东泰安大汶口而命名为"大汶口文化"。

大汶口文化遗址内涵丰富，有墓葬、房址、窖坑等，分为早、中、晚3期。其范围以泰山地区为中心，东起黄海之滨，西到鲁西平原东部，北至渤海南岸，南及今安徽的淮北一带，河南省也有少部分大汶口文化遗存。

大汶口文化的发现，使我国黄河下游原始文化的历史，由龙山文化向前推进了2000多年，为山东地区的龙山文化找到了渊源，也为研究黄淮流域及山东、江浙沿海地区原始文化，提供了重要线索。与长江流域的河姆渡文化，共称"中华民族的文明起源"。

大汶口文化属于新石器时代后期，是我国父系氏族社会的典型文化形态。而这一文化形态以山东泰安南部的大汶口文化为典型代表。

阅读链接

大汶口文化于1959年首次发现于与大汶口镇相邻的磁窑镇，后来为了方便记忆，就用了大汶口镇的名字，考古学界即将大汶口遗址及其相类同的文化遗存命名为"大汶口文化"。

其后，于1974年、1977年、1978年，又先后进行多次发掘研究，考古学上通常认为大汶口文化是黄帝族的一部分东迁形成的少皞族。

2009年，在江苏邳州大墩子大汶口遗址出土了一些重要器物，其中阳鸟石璧和骨雕上的阳鸟刻画，从考古遗存上对夷族的太阳崇拜和鸟图腾说提供了证据。

獐牙构形器柄上的刻符与《系辞》中八卦符号相同，证明八卦起源于5000年前的大汶口文化时期，比通常认为易学萌芽于商周之际早2000余年，为研究东夷文明增添了宝贵的新资料。

新石器末期的齐家文化

原始人生活场景

在古黄河流域，大约距今4130年，甘肃、青海等地及其黄河沿岸阶地上活跃着一个古老的民族。他们依据得天独厚的自然优势，发展农副业，创造了古老而独特的民族文化。

这里的人们都过着比较稳定的定居生活。人们把方形或长方形半地穴式房子建在河旁宽阔的台地

上，房屋内多用白灰面铺成，非常坚固、美观。有的人还在屋内地面中央设有圆形或葫芦形的灶台。这种房屋结构是这一时期黄河流域最普遍的形式。

人们种植的农作物主要以粟类为主，生产工具以石器为主，其次为骨角器。人们用硬度高的玉石制作石铲，刃口十分锋利。又用动物的肩胛骨或下颚骨制成刃宽而实用的骨铲，采用磨光穿孔的方法制作收割加工谷物用的石刀、石镰、石磨盘、石磨棒和石杵等。

作为农业生产的重要补充，当时的畜牧业相当发达。人们饲养的家畜以猪为主，其余包括羊、狗、牛、马等，而养猪业已成为人们经济生活的重要内容。

与饲养业同时，采集和渔猎经济也继续存在着。人们的捕猎技术较以前有了较大的提高，捕获的猎物不仅有鼬和鹿，也有善于奔跑的狍子。

随着农业生产和养殖业的发展，手工业生产也获得了很大发展，这主要表现在制陶工艺上。当时的制陶技术仍以泥条盘筑法手制为主，部分陶器经慢轮修整，有一些陶罐的口、颈尚留有清楚的轮旋痕迹。制陶工匠已掌握了氧化焰和还原焰的烧窑技术，陶系主要是泥质红陶和夹砂红褐陶，一些器物的表面施以白色陶衣。

大量的陶器是素面的，有些罐类和三足器拍印篮纹和绳纹，也有少量彩陶，绘以菱形、三角、水波和蝶形花纹，线条简化而流畅。

陶器的造型也以平底器为主，三足器和圈足器较少。典型器物有双耳罐、盘、鬲、盆、镂孔圈足豆等，其中以双大耳罐和高领双耳罐最富有特色。

技艺高超的陶工还善于用黏土捏制各种人头造型和动物塑像，人头长颈圆颊，双眼仰望；动物有马、羊或狗等，形体小巧生动。还有一些陶制瓶和鼓形响铃，铃内装一个小石球，摇时叮当响，堪称当时最巧妙的工艺品。

母亲之河

黄河文明与历史渊源

齐家文化猫头鹰罐

陶塑的题材也是多种多样，以鸟类雕塑最多，有的形状像水鸟，有着长嘴、长颈和短尾。有的形状像鸽子，体态丰满圆浑。有的则是三足鸟，这种造型和传说中的太阳鸟颇有关系。有的陶器的顶部或内部雕塑着狗的头部，表明当时畜牧业的发展。

有些陶器上，也有浮雕和刻画出的蜥蜴。蜥蜴是种神秘的爬行动物，特别受到西北的原始氏族人的青睐。而浮雕龙形纹红陶罐，在器腹中部，是用泥条堆塑成横绕的龙形纹，头小而似蛇首，身上有鳞甲状刻画纹，身子的中部有向上弯曲的爪足，从而展现了这一地区由蛇升华为龙的原始形态。

这一时期，人们在建筑材料上有许多发明创造，如橙红色陶有陶瓦，有板瓦、半筒状瓦等，瓦上面有时代特点鲜明的篮纹和附加堆纹。

■ 齐家文化出土的青铜镜

文明孕育 远古遗存

另外，纺织业进步也比较显著。大批的陶、石纺轮及骨针等纺织缝纫工具应运而生。人们已经掌握用麻织布的技术，人们穿的衣服主要是用自织的麻布缝制的。

随着手工业的发展，冶铜业也较以前有了长足的进步。冶铜业的发展表现出西北地区这一部族先民的杰出智慧与才能，是对中华民族早期青铜器铸造和生产力发展的一项突出贡献。

在皇娘娘台、大何庄等地已开始制造红铜器和青铜器。其中最大的一件铜器是长方形銎的铜斧。此外，还有一面光平一面饰有七角星形纹饰的铜镜，做工精湛，精美绝伦。

随着青铜制造业的发展，玉器的制作技术也发展到相当高的水平。一大批数量多、质量精美的玉器开始出现，其器类达30种以上。

三足乌 我国远古时代太阳神话传说中的十日是帝俊与羲和的儿子，它们既有人与神的特征，又是金乌的化身，是长有三足的踆乌，会飞翔的太阳神鸟。十日每天早晨轮流从东方扶桑神树上升起，化为金乌或太阳神鸟在宇宙中由东向西飞翔，晚上落在西方若木神树上，这表达了融化于神话之中古代对日出日落现象的观察和感受。

齐家文化玉环

玉璧　一种中央有穿孔的扁平状圆形玉器，是我国传统的玉礼器之一，也是"六瑞"之一。根据中央孔径的大小分为玉璧、玉瑗和玉环三种。玉璧是我国玉器中出现最早的玉器。玉璧的应用范围极为广泛，既是权力等级标志，也可用于佩戴，亦能作为随葬品，同时又是社会交往中的馈赠或信物。

玉器除了常见的品种如玉璧之外，也有许多新的品种。独具特色的玉器，其内涵之丰富，品种之繁多，工艺之精美，令人折服，这也是我国西北原始文化的重要特征之一。

在众多玉器中，最有代表性的是式样繁多的礼器玉琮，除形制各异、大小不等的素面纹琮外，还有竹节纹琮、弦纹琮，更有在琮的一端、射孔之上装饰有或牛、或羊、或熊、或虎等浮雕纹饰的兽首或兽面纹琮、人面纹琮或琮形器。

尤其是圆雕玉人立像，性别有男有女，尺寸从十几厘米到超过半米不等，造型古朴而生动。有的雕像在各器官部位嵌有多枚绿松石，这类雕像多是为了作为膜拜的对象而制。

女人日常装饰品有各种玉佩饰、坠饰、发箍等。还有各种多孔形器，许多多孔形器雕，如成扁平的鸟形、兽面形或鸟兽变形之类的图像。

制造玉器有着十分复杂的工艺，要求极为精细。当时匠人们所使用的玉材，主要是产自甘肃、青海本地的玉，也有新疆和田玉。

大量使用和田玉用来制作礼器和部分工具的远古人类就是从这里开始的，后来随着民族的迁徙与融合，逐渐把文化传播到华夏的其他地区。

这一时期的兵器种类也很多，包括戈、矛、刀、钺、戚等，个别的兵器上还嵌有一枚或几枚绿松石作以装饰。

人们死后多在村庄附近埋葬。大多数墓葬为单人，但也有成年男女的合葬墓，合葬之时，男性为仰身直肢，女性则呈蜷曲姿态，这也是父系氏族社会最普遍的墓葬形式，明显的男尊女卑思想。即使人死后，也要把这种思想带到地下。在有的墓中还有大量的随葬品，这些随葬品大多是石器和陶器。

同时，这里还存在人殉的习俗。殉葬这一习俗反映了社会地位的差别与阶级分化。而给死者墓葬中随葬品的多少也能看出死者生前的生存状况，即现实社会中的贫富不均。当时男子在社会

玉琮 一种内圆外方筒型玉器，是古代人们用于祭祀神祇的一种法器。至新石器中晚期，玉琮在江浙一带的良渚文化、广东石峡文化、山西陶寺文化中大量出现，尤以良渚文化的玉琮最发达，其出土与传世的数量很多。在选材上，良渚文化的玉材为江浙一带的透闪石质的玉石，质地不纯。

■ 齐家文化玉斧

上居于统治地位，女子降至从属境地，婚姻形态为一夫一妻制和一夫多妻制。

生产力的发展推动了私有制的产生，打破了贫富均等的状态，人类有了贫富差别以及人与人之间社会地位的高下之分，这时候便出现了阶级和军事民主制。

星移斗转，岁月的风烟一代又一代。若干个世纪后，在甘肃省的齐家坪发现了这一特殊的古人类遗址。因遗址首先发现于齐家坪，因而被定名为"齐家文化"。

齐家文化是以甘肃省为中心地区的新石器末期文化。此外，在甘肃、青海地区的黄河及其支流沿岸阶地上，人们陆续发现了齐家文化遗址350余处。

齐家文化反映了父系氏族社会的典型特点，对研究我国黄河流域的远古人类有着非常重要的意义。

阅读链接

1923年，在黄河上游地区的甘肃广河县齐家坪最先发现了铜石并用时代文化。后来在甘肃、青海地区共发现遗址350多处。齐家文化遗址在青海省境内最有名的当属喇家遗址。

喇家遗址位于青海省海东地区民和回族土族自治县官亭镇境内的黄河岸边二级台地上。保护面积约20万平方米。

2008年，又在宁县焦村乡西沟村徐家崖庄新发现一处齐家文化遗址。2009年，在定西市安定区发现一处距今约4000年的大型齐家文化遗址。

齐家文化和马家窑文化半山类型最早发现于古河州的太子寺，公元前300年左右大夏人活动的中心。

据史料记载，广河县在东晋十六国时设置大夏县，经历北魏、周、隋、唐，县址在今县城西北约5千米处。广河古称"太子寺"。相传秦始皇嬴政太子扶苏曾监军驻此修了座寺院，后来民间称"太子寺"。

再创辉煌

　　黄河流域孕育了伟大的华夏文明，这里曾长时期作为政治、经济和文化中心，被誉为"中华文化的摇篮"。

　　黄河文明是以农业为经济基础而发展起来的，黄河流域是世界上最早，也是最重要的农业发源地之一。到了夏商周及以后各个朝代，黄河文明得到了持续发展。黄河流域诞生了原始文字，并具有极为悠久的青铜器铸造历史。

　　黄河儿女在独特的地理环境下，屡经迁徙，把黄河文明传播到华夏大地。同时，在与自然做斗争的过程中也形成了勤劳勇敢、团结一心、拼搏进取的民族之魂。

起源于农耕文化的黄河文明

在中华民族5000年的历史长河中，黄河流域一直是政治、经济、文化的中心。黄河文明，是以农业为经济基础而发展起来的。黄河流域发现的大量的古文化遗址，而农业则是这些远古文化的主要内涵。

■ 原始人耕种场景

二十四节气圭

在长期艰苦的劳动中，黄河流域的先民们发明了农业，在野草中培育了五谷等各类农作物。同时还发明了农业生产工具，并使之不断地改进，将其从木、石质改进为金属工具。

先民们还创造了历法，制定了二十四节气，认识了天象与农业的关系。人们还发明了丝绸，使我国成为世界闻名的丝绸之国。在黄河流域这块热土上，华夏民族用智慧和汗水建造了自己美丽的家园。

由于凌驾于社会之上的公共权力的出现和形成，封建国家制定了各种农业政策和赋税制度。文明的要素，即文字、金属和城堡，这些最早都是在黄河流域出现和形成。黄河中下游地区形成了我国最早的文明中心。

黄河流域诞生了原始文字。半坡遗址出土的大批陶器上都有刻画符号。有的符号比较简单，有的稍显复杂。在仰韶文化类型遗址的陶器中，也多有这种符号。在渭水流域的西安、临潼、邰阳、铜川、宝鸡和甘肃秦安都有发现。

大汶口文化类型的莒县陵阳河遗址出土的大口尊上，发现了陶尊

安阳殷墟遗址

商纣（？—前1046），帝辛，名受，后世人称"殷纣王"。帝辛天资聪颖，闻见甚敏，材力过人，有倒曳九牛之威，其抚梁易柱之力，深得帝乙欢心。帝辛继位后，重视农桑，社会生产力得到发展，国力逐渐强盛。帝辛于公元前1075年即位，在位30年，后世对其评价褒贬不一。

文字17个，其时代在公元前4000年左右。这些都与我国古文字有着一脉相承的关系，是我国文字的渊源。

殷商时期，大批的甲骨文在殷墟出土，在世界古文字研究方面具有重要的意义。殷墟是商朝后期的都城遗址，位于河南省安阳市区西北小屯村一带，距今已有3300多年历史。因其出土大量的甲骨文和青铜器而驰名中外。

商代后期叫"北蒙"，又称"殷"，公元前14世纪盘庚迁都于此，至纣亡国，共传8代12王，前后达273年。周灭殷以后，曾封商纣之子武庚于此，后因武庚叛乱被杀，殷民迁走，逐渐沦为废墟，故称"殷墟"。

殷墟占地面积约24平方千米，大致分为宫殿区、王陵区、一般墓葬区、手工业作坊区、平民居住区和奴隶居住区。

古老的洹河水从城中缓缓流过，城池布局严谨合理。从其城市的规模、面积、宫殿的宏伟，文物质量之精、之美、之奇、数量之巨，充分证明了殷当时不仅是全国，而且是东方政治、经济、文化中心。

黄河流域青铜器历史悠久。黄河中下游地区，是当时我国科学技术和文学艺术发展最早的地区。商代青铜冶炼技术已达到相当高的水平，同时还出现了铁器冶炼，标志着生产力发展到一个新的阶段。

目前，新石器时代考古所发现的青铜器只在黄河流域出现，其他地区或者只有很少的几个铜片，或者只是在淤泥中出现的一点铜锈痕迹，而且仅是一处孤证。或者根本没有出现过与青铜器有关的器具和器物。黄河流域以外地区的青铜文明，远远落后于中原地区。

此外，在洛阳出土的铁锛、铁斧，表明我国开发铸铁柔化技术的时间，比欧洲各国早2000多年。

武庚（？—约前1039），《史记》中称作"禄父"，是商纣王的儿子，幼时聪明好学。周武王即位后，封武庚管理商朝的旧都殷即河南安阳，殷的遗民大悦。武王为了防止武庚叛乱，又在朝歌周围设邶、鄘、卫三国，共同监视武庚。

■ 殷墟出土的司母戊鼎

桥梁是社会发展的产物，既受着所处时代经济社会发展的影响，也伴随科学技术水平的提高而进步。

我国有文字记载最早的简支木梁桥，为商代在黄河重要支流漳水上修建的钜桥。据记载，公元前1066年，周武王伐纣王，攻克商都朝歌，即河南淇县，曾发钜桥头积粟，以赈济贫民。

在黄河下游龙山文化类型的遗址中也发现许多古城址。山东章丘龙山镇的城子崖城址，总面积17.55万平方米。

在寿光亦有一处古城址。城址分大、小两处，小城在大城之内，居中偏南。大城面积约5.7万平方米，四边城墙之中部各有一门道，门宽约10米，城内面积1万平方米左右。大城距今3800年左右，小城距今3900年左右。

从黄河流域发现的龙山文化时期的古城址来看，城址中或有城门和门卫房，或有护城河，是具有军事性质的城堡。城内高台上的高大建筑物，表明城内居民存在阶级和阶层的差别。

西周末年，我国经济重心向东转移。公元前770年，周平王迁都成周，黄河的下游平原区才逐渐得到开发。

阅读链接

新中国成立后，在古老的洹河水岸边修建了殷墟博物苑。它占地约6.7万平方米，就建在殷墟的宫殿区遗址上。

殷墟博物苑是依照甲骨文的"门"字形，用几根雕有商代纹饰的木柱和横梁结构而成。苑中建筑由著名的古建筑家设计，严格地构筑在原建筑的遗址上。每座建筑都采用了重檐草顶、夯土台阶、檐柱上雕以蟠龙等纹饰图案。

殷墟博物苑不仅展现了殷代王宫殿堂的布局与建筑，而且还具有园林特色。同时，它也是集考古、园林、古建、旅游为一体的胜地。

大禹时代开启数千年治水史

黄河下游河道在夏、商、周时期呈自然状态，在其低洼处有许多湖泊，河道串通湖泊后分为数支，游荡弥漫，同归渤海，史称"禹河"。

根据古文献记载，在下游古黄河自然漫流期间，沿途接纳了由太行山流出的各支流，水势较大，流路平稳。它在孟津出峡谷后，于孟县和温县一带折向北，经沁阳、修武、获嘉、新乡、汲县、淇县、汤阴及安阳、邯郸、邢台等地东侧，穿过大陆泽，散流入渤海。

■ 大禹塑像

母亲之河

黄河文明与历史渊源

大禹治水壁画

鲧 先秦时期的历史人物，黄帝的后裔、玄帝颛顼的玄孙，是夏朝开国君主大禹的父亲。被尧封于崇地，为伯爵，故称"崇伯鲧"或"崇伯"。尧时，洪水为害，尧命鲧去治水，鲧用堵塞的办法，治水失败，被"殛之于羽山"。

这条流路经过近代强烈下沉的廊济裂谷。谷西为太行隆起，此地形称为"断块"。谷东为清浚隆起，此地形称为"断隆"。两者都是上升带，大河纵贯于两隆起之间的裂谷槽地。

历史上，黄河流域曾经长时期作为我国政治、经济和文化中心。历史上频繁的灾害，也使黄河被称为"中国的忧患"。为了保证长安、洛阳、开封等京都的供应，黄河中下游的水运开发历史十分悠久。

大禹治洪水，是我国远古时期的传说。禹的时代约相当于公元前21世纪。当时，黄河流域出现了特大洪水，河水泛滥的主要地区大致在今河南北部、东部及山东西部一带。这里正是一些著名的氏族部落居住与活动的区域。

传说，最初部落联盟会议推举夏后氏部落的鲧治水。在此以前，原有共工氏治水的传说。共工氏治水的方法，就是将高处的泥土、石块搬到低处，修筑成简单的堤埂，以堵塞洪水。

"鲧堙洪水"就是沿用共工氏的老办法，用堤来阻挡洪水，结果非但洪水堵不住，堤坝冲垮反而危害更大。鲧治水失败后，死于放逐途中。

以后，部落会议又推举鲧的儿子禹来主持治水，由共工部落的后裔四岳进行协助。

禹总结其父失败的经验教训，提出"疏川导滞"的治水方案，用疏导代替堵塞。就是寻其主流，加深加宽，同时把涣散的细流决通，使归河槽，做到"水由地中行"，由主道流入海。

就这样，经过人工疏浚后，河流的自然状况发生改变，不仅消除了水患，而且原来洪水漫溢之地逐渐干涸后也成为耕地。

从单纯的消极防洪，演变为积极地治河，经过了

共工氏 古代神话中的水神，掌控洪水。有一种说法，共工氏是黄帝王朝时代的部落名，把共工与讙兜、三苗、鲧列入了四凶之一。共工是一种官职，舜帝设立的九官之一，主管矿业。

■ 大禹治水壁画

大禹治水壁画

10多年的时间，终于制伏了汹涌的洪水。从此，因避水而躲到丘陵高地的人们，又迁回到平原上居住和生产。后世人们便永远地怀念禹的功绩。

大禹以疏导为主的治水方针，为后代水利专家继承和发展，掌握了"因水以为师"的水流运动的客观规律，有效地克服了水患。

相传大禹治水时期，凿平龙门山，又开辟龙门，有一里多长，黄河从中间流下去，两岸不能通车马。

每年的暮春，有黄色的鲤鱼从大海及各条大河争着来到龙门。一年之中，登上龙门的鲤鱼，不超过72条。

刚一登上龙门，就有云雨跟随着它，天降大火从后面烧它的尾巴，于是鲤鱼就变化成龙了。

东海中有一群金背鲤鱼、白肚鲤鱼、灰眼鲤鱼，听说禹王要挑选能跃上龙门的风流毓秀之才管护龙门，便成群结队，沿黄河逆流而上。

还没望见龙门的影子，那一条条灰眼鲤鱼便被黄河中的泥沙打得晕头转向，就拐过头来，顺流而下，不费吹灰之力又游回黄海。不幸正碰上张着大口的鱼鳖海怪，便呜呼哀哉了。

金背鲤鱼和白肚鲤鱼，摆成一字长蛇阵，轮流打前锋，迎风击浪，日夜兼程，终于游到了龙门脚下。

它们把头伸出水面，仰望龙门神采：只见那神奇的龙门两旁，各有一根合抱粗的汉白玉柱。玉柱上雕着活灵活现的石龙。

龙身缠着玉柱，盘旋而上，直到百丈柱顶。龙门中水浪滔天，银亮的水珠飞溅到龙头之上，恰成"二龙戏珠"的奇异彩图。背景是蓝天白云，映衬着龙门两侧的石刻对联：

长长长长长长长；

朝朝朝朝朝朝朝。

这景色胜过那蓬莱仙境。

鲤鱼们看罢美景，就向禹王报名应试。禹王一见大喜，说："鱼龙本是同种生，跃上龙门便成龙。"

鲤鱼们一听，立即鼓鳃摇尾，使尽平生气力向上

历史新篇 再创辉煌

蓬莱 位于胶东半岛最北端，是山东省管辖的县级市。濒临渤、黄二海、东临烟台、南接青岛，北与天津、大连等城市隔海相望。蓬莱自古以来就被誉为"人间仙境"，八仙过海的传说也就发生在这里。133年，汉武帝东巡至蓬莱，望神山不遇，筑一座小城命名为"蓬莱"。

■ 鲤鱼跃龙门石雕

龙门暮色

跃去，没想到刚跳出水面3米多高，就跌了下来，摔在水面上。但它们并不灰心丧气，而是日夜苦练甩尾跳跃之功。

就这样，一直练了七七四十九天，一下能跃七七四十九丈高。但要跃上百丈龙门，还差得很远。

大禹见鲤鱼们肯苦练功夫，就点化它们说："好大一群鱼!"

有条金背鲤鱼听了禹王的话大有所悟，对群鱼说："禹王说：'好大的一群鱼。'这不是在启发我们要群策群力跃上龙门吗?"

群鱼齐呼："多谢禹王!"

鲤鱼们高兴得摇头摆尾，一条条瞪眼、鼓鳃，用尾猛击水面，只听"噗噗"的击水声接连不断。一跃七七四十九丈高，在半空中一条为一条垫身，喘口气儿，又是一跃七七四十九丈高。

只差两丈了，禹王用手扇过一阵清风，风促鱼跃，众鱼一条接一条地跃上了它们日夜向往的龙门。

有条为众鱼换气垫身的金背鲤鱼，看同伴们都跃上了龙门，唯独自己还留在龙门脚下。它寻思道：我何不借水力跃上龙门。

恰巧黄河水正冲在龙门河心的巨石上，浪花一溅几十丈高，这金背鲤鱼猛地蹿出水面，跃上浪峰，又用尾猛击浪尖，鱼身一跃而起，没想到竟跃到蓝天白云之间。一忽儿又轻飘飘地落在龙门之上，如同天龙下凡。

大禹一见，赞叹不已，随即在这条金背鲤鱼头上点了红，霎时，鱼龙变化。金背鲤鱼变成一条吉祥之物——黄金龙。

大禹命黄金龙率领众鲤鱼管护龙门。这个"鲤鱼跃龙门"传说中的龙门，就位于黄河壶口瀑布南面约65千米处，在晋陕峡谷的最南端。龙门之南，就是开阔平坦的关中平原。

黄河之水从狭窄的龙门口突然进入宽阔的河床之中，河性发生很大变化。龙门的形成，是其东面的龙门山和西面的梁山各伸出山脊，相互靠拢，形成一个只有100米宽的狭窄的口门，好像巨钳，束缚着河水，形成湍急的水流。

每当洪水季节，由于峡口中的水位壅高，而出了峡谷后，河谷突然变宽，水位则骤然下降，于是在龙门形成明显的水位差，故有"龙门三跌水"之说。"鲤鱼跳龙门"的故事，就是指跳跃此处的跌水。

古代人们对龙门峡这种自然奇观的形成，感到不可思议，便想象为大禹所凿开的一条峡口，因而龙门又被称为"禹门口"。

阅读链接

先秦诸子对禹治水的活动，有所谓"禹疏九河，瀹济、漯而注诸海，决汝、汉，排淮、泗而注之江"，以及"凿龙门，辟伊阙"的记载。

事实上，禹治水仅限于黄河下游平原地区，他不可能遍及如此广阔的幅员，治理如此众多的河道。

因地壳变动，使伊阙山断裂而形成的龙门，也非凭原始工具所能开凿。这只是后人为了追念禹功，把其他一些治水的事迹，都附会到禹的身上，并赋予神话的色彩。

这些夸大禹治水功绩的传说，不过是后人崇德报功的心理表现，但不能因而怀疑禹治水这一故事本来的真实性。

春秋战国始建堤防和桥梁

　　黄河流域在夏、商、周三代之后，早期国家逐渐成熟，黄河文明进入发展时期。春秋战国时期，黄河两岸已开始修筑堤防，各诸侯国相继修建大型水利工程，发展农业生产。

　　这一时期，人们不仅兴修了众多水利工程，还普遍采用较省力的提水工具，使水浇地的面积大大增加。当时的帝王已经组织人力和物力在黄河两岸修筑堤防。

■ 黄河大堤

　　在著名的葵丘之会上，齐桓公主张"无曲防"，就是对当时各国以邻为壑，在上游兴建不合理的堤防所提出的抗议。

　　随后，人们在黄河和济水的中下游地区，陆续筑起很多坚固的堤防。如地势较

■ 黄河护堤

低的齐国沿黄河修筑长堤，以防雨季河水泛滥。

堤成之后，齐国境内得保无虞。位于齐国对岸的赵、魏两国由于面临洪水的威胁，也开始筑长堤以防洪水，这就使得黄河下游两岸人民的生产和生活得到一定的保障。

春秋末期，吴王夫差为了北上争霸，在长江至淮河间开凿运河邗沟，这是我国最早的有文献记载的运河。邗沟便利了农业灌溉和南北交通。

同时，各诸侯国相继修建大型水利工程，以发展农业生产，芍陂就是具有代表性的水利工程，位于今安徽省寿县南约30千米，相传为春秋时期楚国令尹孙叔敖兴建。

芍陂一带曾是楚国的农业区，当地地形较低，夏秋山洪暴发，常出现洪涝灾害，而一旦雨少又容易干旱。为了解决这个问题，利用洼地引水、肥水汇聚成湖，涝时蓄洪，旱时灌溉，成为一个古老的水库。因陂在白芍亭以东，因此得名。

春秋后期，齐国首先称霸天下，于公元前685年

葵丘之会 公元前655年，周王室内讧，齐桓公联合诸侯保住太子郑的地位。不久，又拥立太子郑为王，即周襄王。公元前651年，齐桓公在葵丘大会诸侯，周襄王也派代表参加，对齐桓公极力表彰。这是齐桓公多次召集诸侯会盟中最盛大的一次，标志着齐桓公成为中原的首位霸主。

芍陂古迹

魏襄王（？—前296），姬姓，名嗣，魏惠王之子。公元前318年，魏、韩、赵、楚、燕五国合纵攻秦，不克而返。惠施为魏出使楚国。公元前296年，魏襄王薨，子昭王立。后人从魏襄王墓中得到魏襄王时期魏国人撰写的《竹书纪年》，这些竹书较司马迁的《史记》更为准确。

开始，在黄河下游低平处筑堤防洪，开发被河水淤漫的滩地。当时，其他诸侯国相继筑堤，各以为利。从此黄河下游漫流区日益缩小，九河逐渐归一。

由于堤防约束，河床淤高，公元前602年，黄河在黎阳宿胥口决徙，主流由北流改向偏东北流，经今濮阳、大名、冠县、临清、平原、沧州等地于黄骅入海，为黄河第一次大改道。

战国时期，七雄争霸，韩、赵、魏、齐、燕分踞黄河下游。当时齐与赵、魏以黄河为界。齐国在东面，地势低平，修筑堤防距离大河12.5千米，防止洪水东泛；赵、魏在西面，靠近山区，也距河12千米筑堤，防止洪水西泛。

西门豹渠，是战国初期魏国邺县令西门豹兴建的引漳水灌邺工程。在西门豹的指挥下，人民开渠12条，引漳河水灌田，使含盐碱过高的土地成为良田。

在此100多年后，魏襄王任命史起为邺县令，再次开渠引漳水灌溉，经魏国的长期治理，当地农业得到很大的发展。

这一时期修筑的堤防最显著的特点是没有统一的规划，人为的弯曲很多。

人们不仅兴修了众多水利工程，还普遍采用较省力的提水工具，这时使用较多的工具有桔槔等。使水浇地的面积大大增加。

桔槔起源于何时史料中并无确切记载，人们根据相关叙述，推断其可能始于商代初期。到了春秋战国时期，桔槔在中原地区已被普遍使用，用其灌溉，可一日浸百畦，节省劳力又提高效率。

战国时期，单跨和多跨的木、石梁桥已普遍在黄河流域建造。到了后世的秦汉之后，大河两岸古都首府众多，物资运输多赖骡马大车、手推板车。

出于经济和军事的需要，修建了更多的桥梁。这些古桥，不仅在建桥构造处理、平面布局以及施工方

桔槔 是古代社会的一种较为原始的主要灌溉机械。桔槔的结构，相当于一个普通的杠杆。在其横长杆的中间由竖木支撑或悬吊起来，横杆的一端用一根直杆与汲器相连，另一端绑上或悬上一块重石头。通过杠杆作用就能将汲器提升。

再创辉煌

■ 灌溉工具桔槔

浮桥 用船或浮箱代替桥墩，浮在水面的桥梁。军队采用制式器材拼组的军用浮桥，则称"舟桥"。浮桥的历史记载以我国为最早，《诗经》就记载了周文王姬昌，曾于公元前1184年在渭河架浮桥。公元35年，公孙述架设长江浮桥。274年，杜预在黄河架设河阳浮桥，曾连续使用达800多年。

法上有不少独特创造，而且艺术造型上也表现出鲜明的民族风格。

我国历史上规模宏大的木梁石柱桥，当属修建在黄河最大支流，即渭水上的渭桥。

据《三辅黄图》记载，这座桥始建于战国时期的秦昭王。秦始皇统一中国建都咸阳后，为了把渭河南北的兴乐宫和咸阳宫联为一体，又做了改建和加固。

到了汉代，渭桥得以重修，并增建了东渭桥和西渭桥，史称"渭水三桥"，成为汉唐时期朝廷迎来送往的重要场所。

该桥桥梁由青石砌成，青石之间用铁水浇铸的铁栓板相连，石缝中灌以铁水，石头之间打有松木桩，规模之大，施工之精细，在古桥梁史上确属罕见。

黄河古代桥梁的另一个高峰是浮桥的出现。这种桥梁的构架，一般是用几十或几百只大船或筏子代替桥墩，横排于河中，上铺梁板做桥面，桥与河岸之间用挑板、栈桥等连接，以适应河水的涨落。

因此，浮桥也有"浮航"和"舟梁"之称。建

■ 蒲津浮桥遗址

桥所用木船，有的锚于两岸的竹索或铁索上，桥随水流而弯曲，故称"曲浮桥"。有的浮桥将每只木船单独锚于河底，桥面顺直，因此叫"直浮桥"。

■ 黄河上的浮桥

我国建造浮桥最早的记录为《诗经·大雅·大明》中的"亲迎于渭，造舟为梁"。说的是周伯姬昌，为娶妻而在渭水上架起浮桥。它比西方历史记载的波斯王入侵希腊，在博斯普鲁斯海峡所建造的浮桥，还要早500多年。

当时最为著名的浮桥，当属山西永济的蒲津浮桥。此地为沟通秦晋的交通要冲，公元前251年，秦国为出征河东，用竹索和木船建造了这座"曲浮桥"。

该浮桥历尽沧桑，经过多次修固，一直沿用近千年之久。

阅读链接

在春秋战国时期，黄河干流上的第一座浮桥，是春秋时期建造的夏阳津浮桥。不过由于只是一次性使用，不久即被拆除。

据说，当时的秦国有一位富豪公子，终日因钱多而发愁。他整天思虑，担心自己因所储财物过多而被秦景公杀害。于是，他想出了一个不得已而为之的办法，即带着"车重千乘"的财富，由今陕西投奔晋国。

他在途中为了渡过黄河，就在今山西省临晋附近架起了一座浮桥。当他所带的财物被运过黄河后，他就下令众人把桥拆除了。由此看来，黄河干流上的第一座浮桥，也堪称我国寿命最短的桥梁了。

两汉时期对黄河加强治理

　　春秋战国以后，专制制度逐渐形成，随着秦汉王朝的统一，黄河文明进入了大发展时期。从此，各朝各代都加强了对黄河的治理。西汉时期，已专设有"河堤使者""河堤谒者"等官职，河防工程已达到相当的规模。

■ 黄河护堤

两汉时期，黄河下游的河道又发生了新的变化。如在相距25千米的大堤内出现了许多村落，堤内的居民修筑直堤来保护田园。大河堤距宽窄不一，窄处仅数十米，宽处数千米不等。

再有，黄河堤线曲折更多，如从黎阳至魏郡昭阳两岸筑石堤挑水，几十千米内的有5处。黄河个别河段堤防修得很高，据《汉书·沟洫志》记载，黎阳南35千米处的淇水口，堤高3米，自淇口向北9千米至遮害亭，堤高12米至15米。

■ 黄河护堤

这种河道，导致在西汉时期黄河决溢较多。在公元前132年，瓠子决口后，洪水向东南入巨野泽，泛滥入淮、泗，淹了16郡，横流了23年才得以堵复。公元11年，河水大决魏郡元城，泛滥冀、鲁、豫、皖、苏等地将近60年，造成黄河第二次大改道。

西汉时期是黄河水患发生的一个频繁时期，规模巨大，影响深远。早在公元前607年宿胥口改道以来，黄河一直比较稳定。但年久日深以后，由于泥沙的沉积，河床越淤越高，到了西汉时期，终于形成了"地上河"。

在黎阳，即浚县附近的遮害亭处，堤高竟达15

《汉书》 又名《前汉书》，东汉班固所著，是我国第一部纪传体断代史。其沿用《史记》的体例而略有变更，记载了上自汉高祖六年，下至王莽地皇四年，共230年历史。《汉书》语言庄严工整，多用排偶，遣词造句典雅深奥。我国后世编纂历史都仿其体例纂修纪传体的断代史。

■ 黄河沉积区

汉武帝 （前156—前87），即刘彻，汉朝第七位皇帝，16岁登基，在位达54年。汉武帝进行了大刀阔斧的改革，多有建树，其举措对后世影响深远。汉武帝开疆拓土，奠定了我国的疆域版图，将中华帝国推上了空前的高峰，该段时期被后世称为"汉武盛世"。

米。西汉200多年间，因洪水决口而造成泛滥，见于记载的达11次。于是，对黄河的治理为人们所重视。

西汉朝廷已经专门设有"河堤使者""河堤谒者"等官职，沿河郡县长官都兼有防守河堤职责，专职防守河堤的人员达数千人。濒河十郡，治堤年费达到万万两，河防工程已达到相当的规模。

《史记·河渠书》中记载，公元前109年，汉武帝令汲仁、郭昌发卒数万人塞瓠子决，并亲率臣僚到现场参加堵口，说明堵口已经是相当浩大的工程。

公元前6年，汉哀帝公开征求治河方案，贾让献治河三策。上策为：引黄河使复走《禹贡》大河故道，使在太行山脉与老黄河大堤之间，有一个"宽缓而不迫"的去处；中策为：舍黄河旧堤，另筑大堤，使黄河与漳水会同出海，并在河道两侧分建水门以调节水量；至于单纯依靠堤防来防洪，则为下策。

到王莽执政时期，张戎应征的治河方案，根据水向下流的特性，流快则刮除淤积，使河床稍深的原理，科学地论证了水流流速与泥沙沉积的关系。明代潘季驯的"束水攻沙"，就是以此为出发点的。

由于《禹贡》大河故道逼近太行山，地势高亢，难以恢复。其上、中两策的设想是不切实际的。而他所视为下策的"筑堤"，却为东汉王景及后代所广泛应用，并取得了不少成就。

史书记载最早的一次大规模治河工程，是王景治河。东汉时期，王景曾对芍陂加以疏浚。后来，曹魏又派人"兴治芍陂""以溉稻田"。到了宋元以后才逐渐堙废。今安丰塘是古代芍陂的残存部分。

公元69年，东汉明帝派王景和王吴治理黄河，主要将河、汴分流。筑堤自荥阳至千乘海口，长500千米。这道河堤对防御黄河泛滥起到了较好的作用。

这一时期，下游河道被称为"东汉故道"，自后来的濮阳西南西汉故道的长寿津，改道东流，循古漯水，经今范县南，在阳谷县西与古漯水分流，经今黄河和马颊河之间。

王景（约30—约85），东汉时期著名的水利工程专家。少学易，广窥众书，又好天文术数之事，沉深多伎艺，时有荐景能治水者，明帝诏与王吴共修浚仪渠，王吴采用王景坞流法，水不复为害。

■ 安丰塘美景

王景塑像

当时，汉明帝发兵卒数十万人。王景虽然节省役费，但是费用仍以百亿计。此次修渠筑堤，扼制了黄河南侵，恢复了汴渠的漕运，取得了良好效果。

王景治理黄河是河、汴兼顾，而以治河为主。其治河的主要措施是修筑大堤，把黄河重新置于两岸大堤的约束之中，并顺着自然地势，而采取一条距海最近的行洪路线。

由于河流比降大，水流挟沙能力强，再加上他建立汴口水门和整修汴渠的成功，使汴渠成为黄河下游理想的分洪道，对黄河也起了分流分沙，减少主河床淤积抬升速度的作用，成为东汉以后河床能得到较长时期稳定的原因之一。

据历史记载，东汉末年，黄河流域就已建有砖石拱桥，如魏都邺地的石窦桥、晋代洛阳的石拱桥等。

阅读链接

黄河故道有三种，一种是荒芜的盐碱地，另一种是水草丰美的湿地，还有一种是尚存的河道。像宁远、商丘一部分黄河故道就属前一类，不过这些故道大多年代久远，以至许多当地人都不知道在这样的河床上曾经流淌过一条叫作黄河的河流。

而大多数黄河故道都属后两者，如盛产梨子的砀山、山东单县、豫北的湿地、江苏宿迁，黄河夺淮入海后在徐州留下的故道；黄河入海口的东营境内，还有一条盛产黄河鱼的故道。

丝绸之路开通后的文化大融合

从秦汉至魏晋南北朝，是黄河文化发展的重要时期，也是黄河文化与胡文化交流、融合的重要时期。

自从汉代的著名外交家张骞出使西域以后，一条以洛阳、长安为

丝绸之路示意图

鲜卑族民族服饰

起点，直达安息、大秦的交通线形成，这就是历史上有名的丝绸之路。

丝绸之路是一条具有深远历史意义的国际通道，是连接中国和西方世界的第一座桥梁。通过这条古道，促进了东西方文明的交流。

丝绸之路开通后，西方的葡萄、胡桃、石榴、苜蓿、香料、药材、胡椒、宝石、玻璃、象牙、骏马、狮子，以及音乐、舞蹈、天文历法和基督教、佛教、伊斯兰教等文化，大量传入中国。

另外，我国的丝绸、漆器、铜铁、火药、金银器、瓷器、桃、梨，以及造纸、打井、炼铜、兴修农田水利和制造火药的技术，也经由这一路线传往西域，大大丰富了黄河文化和世界文化的宝库。

丝绸之路的开辟和发展，不但极大地增进了中西各国各族人民的相互了解和友谊，而且大大丰富了东西方人民的物质生活和精神生活，对社会经济的发展和人类社会的进步做出了巨大的贡献。

魏晋时期，特别是十六国时期，匈奴、鲜卑、羯、氐、羌等少数民族进入黄河流域，使黄河文化在这一特殊形式下复苏，对黄河文化的繁荣有重要的影响。

北朝时，鲜卑族入主黄河流域，给黄河文化注入了新鲜的血液。少数民族地区的所谓"胡桌""胡椅""胡床""胡服"，传入黄河流域，丰富了黄河流域人民的生活。黄河文化是在这一特殊历史时期，融合少数民族文化而形成的多层次文明。

到了隋代，黄河文化进一步发展。当时的朝廷也加强了对黄河的治理和桥梁的修建。其中规模最为宏大的桥梁是一座拱桥，名为"灞桥"。

灞桥建于582年，该桥为40多孔石拱桥，总长约400米，每个桥墩宽2.5米，长9米，桥跨5米。其恢宏气势和壮观景象，在古代桥梁建筑史上所罕见。

605年，隋朝廷在河南洛阳洛水之上建成一座浮桥，名为"天津桥"，是第一次用铁链联结船只架成的浮桥。

在宋代前期，黄河大致维持东汉以来的河道，称"京东故道"。东汉后期河道淤高，险象丛生。1048年，河决堤改道北流，新河夺永济渠至后来的天津东入海，时称"北流"，这是黄河的第三次大改道。

此时河道的分支，除汴水畅通外，济水已经断流，湖泊大多淤塞，南岸仅有巨野泽，接纳汶水与黄河泛水，南流入淮、泗河。

在黄河北岸有大片塘泊，大致分布在后来的天津东至保定西一

■ 丝绸之路群雕

纤夫拉纤场景

带，拦截了易水，也就是后来海河的9条支流，滹沱、葫芦、永济各河之水都汇于塘泊。塘泊夏有浪，冬有冰，浅不能行船，深不能涉水。到了北宋后期，黄河北侵，塘泊逐渐淤淀。

　　自古黄河险滩多，在地势崎岖险要处，船也难行。这就催生了一批以拉纤为生的纤夫。

　　黄河上行船，最苦莫过于拉纤。在黄河上拉纤是十分辛苦和艰难的。黄河的主航道在峡谷中，落差大，水流急，纤道大多在两岸石壁之上，有些地方几乎是猴子也得用上心才能攀援过去。所以人们说黄河船夫"命苦不过河路汉，步步走的是鬼门关"。

　　人们将黄河上行船叫作"跑河路"，船工习称为"河路汉"。早年间黄河上全是木船，往来全靠人力扳动或拉动。船上一般7名船工，下行装载两三万斤货物。装甘草的船叫"草船"，装炭的叫"炭船"，装粮食的叫"粮船"，装其他东西的船一律叫作"货船"。

　　拉船最艰苦的是春季刚刚流完凌以后，河滩上有的地方是水坑，有的地方大片冰凌堆叠如山。船工穿不成鞋，只能赤脚踩着冰块走，春拔骨头秋拔肉，那一股寒气从脚底心直窜到脑门顶上。

晋陕峡谷中多数地方没有路，纤道忽而在水中，忽而在河滩，忽而又在高高的石壁之上。还有些地段，两岸是数百米高的绝壁，人无立足之处，船也无法再拉。到此处，船工们想尽办法，冒着生命危险拉纤，船在水中十分艰难地一点点往上移，船工们把这叫作"拔断水"。

黄河上拉纤，最轻松的是"耍风"。河上有风时，赶紧把帆撑起来，根据风向不断调整帆的角度。如果运气好遇到顺风，扯起帆，一天可行50多千米。

河里的船看上去都差不多，但实际却很有讲究。有些船做得好，船头如葫芦瓢般轻巧，拉起来省劲儿，遇风走得也快；有些做得不好，船头发沉，往水里扎，既不好拉，有风也走不快。黄河上的航运历史悠久，发端于秦汉，后世逐渐繁荣。

到了唐宋时期，黄河文化进一步发展和成熟。突厥、铁勒等游牧民族、朝鲜半岛移民，以及西亚、中亚胡人等移民，相继进入黄河流

纤夫拉纤群雕

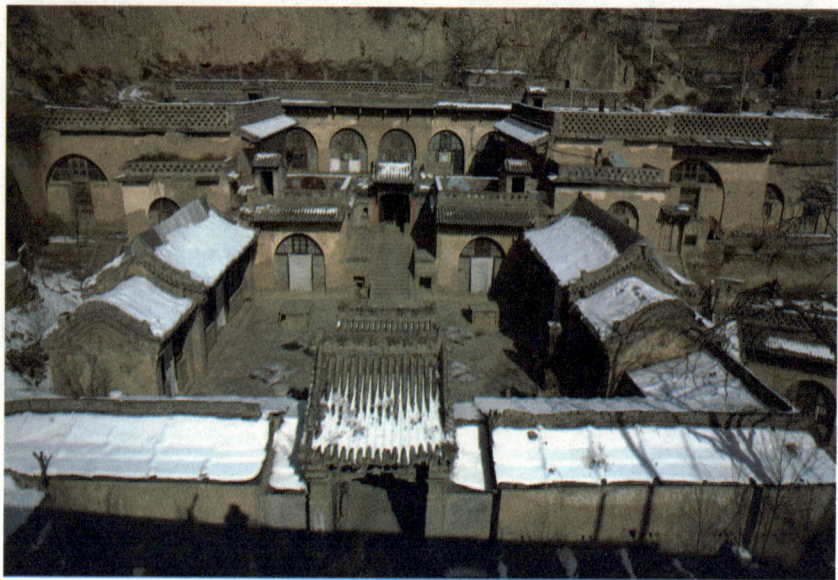

母亲之河

黄河文明与历史渊源

■ 黄河两岸民居

碉房 是我国西南部的青藏高原以及内蒙部分地区常见的居住建筑形式。从《后汉书》的记载来看，在汉以前就有存在。这是一种用乱石垒砌或土筑的房屋，高有三至四层。因外观很像碉堡，故称为"碉房"，碉房的名称至少可以追溯到清代乾隆年间。

域。外来文明在黄河文化的演进历程中非常重要。

更重要的是，黄河流域的科学技术得到进一步的发展，天文学、医学、药物、植物、动物、香料、玻璃器、玛瑙、玉器、纺织品、货币、音乐、舞蹈、雕塑、绘画、建筑艺术等外来文明，促进了黄河流域社会生活各方面的发展，同时对黄河流域的饮食、服饰、体育、社会风俗、农业生产、交通运输、城市繁荣、经济作物的种植等，都产生了非常大的影响。

黄河流域的政治、经济、文化与外来文明的交流往来，对黄河流域社会文化的发展产生了极大的影响。无论从传统的民居、民俗，还是从日常生活的点滴，无处不渗透着厚重的黄河文化气息。

黄河流域既是我国建筑最早的发源地，也是历史上最具华夏营造匠意与最兴土木之工的核心区域。这里不仅一脉相承地涌现出一批批壮观侈丽、雄浑充沛、规模巨大的都市官式建筑，同时也出现了分布最广、数量最多、风格各异的乡村民居建筑。

民居建筑在布局、形态、空间处理等方面遵循着"适形而止"的建筑原则。其空间序列组合与生活密切结合，尺度宜人而少有变化，建筑内向，造型简朴，装修较为精致。民居与村落，无不植根于厚土醇水之中。黄河人从掘土为穴到夯土筑墙，再发展到以土烧砖制瓦，用土作为建筑材料经营了几千年。

黄河流域的上、中、下游自然地理条件千差万别，人地相宜的民居也是形式多样、千姿百态。

中原大地以四合院最具代表，黄土高原则流行窑洞民居，陇西山区多板屋，河套平原多平顶泥房，草原上是流动的蒙古包，甘南高原藏民住在石头建造的碉房。但在以汉文化为主体的黄河大地之上，窑洞和四合院是黄河民居的主要居住形式。

黄土高原地势较高，地貌则岭谷交错、沟壑纵横，典型的大陆性

黄河两岸村落

■ 山西四合院

晋商 通常意义的晋商是指明清间的山西商人，晋商经营盐业、票号等商业，尤其以票号最为出名。晋商也为我国留下了丰富的建筑遗产，著名的乔家大院、常家庄园、曹家三多堂等。明清晋商人利润的封建化，主要表现在捐输助饷、购置土地、高利贷资本等方面。

季风气候区，冬天常刮强劲干冷的北风。民谚有"山西人好盖房"的说法，山西四合院建筑为我国民居建筑的瑰宝。

晋商崛起后，富甲天下，他们在家乡精心建造了座座豪宅大院，如祁县乔家堡的乔家大院、灵石县静升村的王家大院、榆次车辋村的常家大院等。

当某一姓的祖宗选择居于某地后，随着子孙后代的自然繁衍与房屋院落的增建，最终发展为村落，聚族而居。聚族而居多是出于心理情感上的联结纽带与劳作方式上互助合作的需要，以血缘关系为重。

如陕西韩城党家村为党、贾二姓聚居，从党怒轩定居于此开始，600多年间子孙繁衍，出仕经商，成为关中地区传统留存最好、民居最经典的村落。

黄河人深谙儒家"德润身，富润屋"的古训，显贵一方的官宦商贾无不把自家面子——宅门建造得厚实高大、典丽精致。党家村人也不例外。

高大气派的走马门楼，旁设精雕细刻上马石、拴马桩。装饰绝美的垂花门楼，雕有寓意吉祥的图案或文字的门簪、雀替、花板和门联。

几千年来，黄河流域形成了自己的婚嫁风俗。在陕西，旧时结亲讲究门当户对，父母之命，媒妁之言，男女不谋面。男女好合大致要例行订婚、商话、登记、迎娶、回门等程序。而在新密，婚嫁风俗又有所不同。有说亲、相亲、定亲等6个步骤。

生死之外无大事，丧葬文化历来备受重视。在黄河流域，经数千年演变，有着自己独特的殡葬习俗。在陕西，殡葬过程为报丧、暖窑、祭拜、送葬等。

星移斗转，岁月更迭。一代又一代，人类在不断地繁衍生息。生活在黄河流域的儿女，以其勤劳和智

门簪 我国古建筑中安在街门的中槛之上的构件。是将安装门扇上轴所用连楹固定在上槛的构件。这种大门上方的出头，略似妇女头上的发簪，少则两枚，通常四枚，或多至数枚，具有装饰效果，成为旧时大门的常见构件。以至许多民居大门上门簪的设置，只为美观，并无结构功用。

■ 门楼

孔子讲学图

慧延续着古老文明，开创着新的历程。

　　黄河儿女的大智慧和大才情，是任何其他文明都不能与之媲美的。学术大家如孔子、孟子、曾子等，堪称世之典范，而在诗词画曲艺等各方面的大家，在黄河流域也是层出不穷。

　　黄河儿女坚守民族大义、勇敢奋进的精神也一直激励着后人继往开来。这些光耀历史的人物，不仅在黄河文化的传承与发展中起到至关重要的作用，更推动了华夏民族的腾飞与发展。

阅读链接

　　位于黄河流域的河南地区有个很奇特的习俗——骂社火。每年农历正月初二至正月十六，东、西村的村民就敲锣打鼓，交替前往对方村子里指名道姓地挑骂。被骂到的人呵呵笑，被骂得越狠越欢喜。这种大俗大雅完美结合的社火被誉为"天下奇俗骂社火"。

　　"社火"也称"射虎"，来源于古代祭祀社神，目的是驱逐鬼神，"春祈良耕，秋报社稷"。这种活动是由宫廷传入民间，逐渐演变为乡村祭神、娱神、迎神的赛会，并加进杂戏、杂耍表演。

　　骂社火，是斗文、斗武、斗巧、斗富、斗丑。在这里，辱骂是一种敬重，辱之越甚敬之越甚。

唐宋时的流域文化及河流治理

刘禹锡雕像

黄河作为中华民族的母亲河，以滔滔不绝之势奔腾入海，演绎着古老而悠久的华夏文明。

古往今来，许多文人墨客无不为之汹涌之势倾倒，留下了大量不朽的诗篇，唐代著名诗人刘禹锡在《浪淘沙》中写道：

九曲黄河万里沙，
浪淘风簸自天涯。
如今直上银河去，
同到牵牛织女家。

唐代是中华民族的盛世时期，在政治、经济、文化等各方面均得到了前所未

母亲之河

黄河文明与历史渊源

■ 水流湍急的黄河

有的发展，尤其是文化艺术更是达到了巅峰。

歌颂黄河的诗篇也是不计其数，如唐代诗人王之涣的"白日依山尽，黄河入海流""黄河远上白云间，一片孤城万仞山"，王安石的"派出昆仑五色流，一支黄浊贯中州"等佳句都是黄河宏伟气势的真实写照。

到了宋代，经济与文化教育较唐代更为繁荣，而北宋更是我国历史上的一个重要朝代。金、元之际的著名文学家元好问在《水调歌头·赋三门津》中就有佳句：

黄河九天上，人鬼瞰重关。

长风怒卷高浪，飞洒日光寒。

王安石（1021—1086），字介甫，号半山，封荆国公。世人又称"王荆公"。汉族江右民系，北宋临川盐阜岭人，我国古代杰出的政治家、思想家、文学家、改革家，"唐宋八大家"之一。其诗文各体兼擅，词虽不多，但亦擅长，且有名作《桂枝香》等。

北宋疆域辽阔，幅员广大。但是北宋建立后，黄河水患却日益加重。1060年，黄河自大名决河东流，自沧州境入海，当时黄河被称为"东流"。

在北宋统治的160多年中，黄河先后7次决溢后改道、改流和分流，受灾地区广，原有堤防基本上已经失去抗洪能力。河患加重，不仅对沿岸农田威胁很大，而且对汴河航运、京师的安全有重大影响。

北宋朝廷倾注很大的人力和物力治理黄河，建筑河防工程，但由于当时生产力发展和科技水平所限，治理黄河的效果并不十分显著。但是，人们在探索治河的同时，积累了大量的经验教训，对后来的元、明、清代对河流的治理工作都有一定的影响。

在宋代，朝廷专门设置了权限较大的都水监，专管治河事宜。沿河地方官员也都重视河事，并在各州设河堤判官专管河事，朝廷重臣，多参与治河方略的争议。这个时期，治河问题引起了很多人的探讨，加深了对黄河河情、水情的认识，河工技术有了很大的进步。

宋代的堤防技术是利用大河两边的堤岸，使其起到限定河水泛滥的作用。宋代时就有正堤、遥堤、缕堤、月堤、横堤、直堤、鉴堤等，种类很多，其规模、形状及作用略有不同。

大河两岸的正堤，一般称"堤"，遥堤则为正堤以外的最外一重

■ 黄河及沿岸护堤

堤，主要作用是在大河汛期将河水限定于遥堤以内的地方行流，尽量把泛滥的地方控制在一定范围内。

1081年，遥堤之间很宽阔，有时要迁出一些县、镇。缕堤是介于正堤和遥堤之间的第二重堤，有"预备堤"的作用。

若正堤决口，可加强缕堤临时抵挡水势。黄河堤防虽不像汴渠堤防那样严格，但一些重要城镇附近和主要险段注重堤防质量，有的地方甚至建成石堤。

在《河防通议》中，就详细记载了修砌石岸的施工方法，施工程序严密，对石堤基础要求较为严格，有的土质堤岸由于常年维修，规模相当庞大、坚固。

如1080年郓州所筑的遥堤长10千米，下阔20余米，高3米。若以顶宽3米算，则边坡比达1比2.5，堤身断面尺寸是比较科学的。另外，北宋还年年发动黄河两岸附近居民种植榆柳，有效地加固堤防。

北宋河防最主要的技术之一就是埽工技术，宋代不仅用埽堵口，而且还用埽筑堤、护岸。埽是把树

《河防通议》
是一本关于宋、金、元三代治理黄河的工程规章制度的书籍。这些规章制度在施工实践中应用了300多年。原著者名为沈立，他在1048年，搜集治河史迹，古今利弊，撰《河防通议》。原书已失传。现存本系元代色目人赡思根据当时流传的几种版本，加以整理删节改编而成，共上、下两卷。

■ 黄河堤防

■ 黄河堤坝

枝、石头等，用绳子捆紧做成的圆柱形东西，用它来保护堤岸防水冲刷。

由于埽的重要作用，埽工技术日臻完善。在《河防通议》中，详细地记载了埽工的制作：在密布的绳索上铺一层榆木柳条之类，再在其上铺上碎石，并用粗大的竹索横贯其中，卷而束之使它形成圆柱形的整体。卷埽时要用数百人扛大木卷起，每卷一层，都在上面架上大木梯，众人站立在梯上压紧。每个大埽一般长约33米，直径约为3.3米至13.3米。

北宋每年制埽都很多，它们一部分储备堵口应急，一部分用作修理，一部分用作护岸。护岸技术有束埽护岸、木笼护岸、石版护岸、锯牙护岸等。束埽护岸并不经久耐用，但因其简单、有效，直到后世仍被沿用。

1021年，北宋大臣陈尧佐曾采用木笼护岸。南宋知府李若虚曾用石版护岸的方法，做本州附近河堤护

陈尧佐（963—1044），北宋大臣、书法家、画家。988年进士，历官翰林学士、枢密副使、参知政事。工书法，喜欢写特大的隶书字，咸平初，任潮州通判，999年建韩吏部祠于金山麓夫子庙正室东厢。著有《潮阳编》《野庐编》《遣兴集》《愚邱集》等。存世词一首。

黄河改造遗址

岸。李若虚制石版为岸，押以巨木，后虽然暴水，但是不易坏。

　　另外，北宋时期，人们还经常采用锯牙护岸，就是在河堤内修筑一系列锯齿状的短土堤、石堤或木堤，以挑开暴流，防止齿蚀堤岸，这就是堵口技术。堵口技术，堵口的难点在于合龙。通常堵塞决口要合口时，中间下一个埽，称为"合龙"。

　　沈括在《梦溪笔谈》中，曾记录河工高超的堵口技术。1048年，黄河在商胡决口，久堵不成。高超建议把埽分成3节，每节10余米，两节之间用绳索或缆索连起来。先下第一节等它到水底之后，再压第二节，最后压第三节。

　　他指出，如果第一节没堵住水，但水势必减半。到压第二埽时，只用一半的力，即便水流还没断，不过是小漏。而压到第三埽时，就平地施工，可以充分使用人力。而等到第三节都处置好了，前两节自然被浊泥淤塞，不用多费人力。

　　合龙时，除了经常采用大埽堵口外，北宋还于1078年创造了一种"横埽法"堵口，后来作为常法推广。横埽法，要比直埽法好得多，成功率提高，是一个很大的改进。

人们在堵口时，有时还在上游先行分水，减少下游水差，减轻合龙难度。此外，人们也经常采用开凿新河分水的办法来减轻河患，开河技术有了一定的提高。

《河防通议》中"开河"一节，对此有详细的论述。首先要观察上游的地形和水势，并测量河床高程的变化。还要选择在枯水季节施工，冬季备料，春季施工，洪水到来之前完成新河开挖任务。新开引河口应留一临时隔堰，使水流顺势而下，保证一定的流速，以防新河淤积。

开河应因势利导。若河势成丁字形，水流正撞堤岸，剪滩截嘴，疏浅开挑，费功不便，但可解一时之急。如地形适宜取直开挑，须先固定口门，分水势以解堤岸之急。

如果要将主流引入新河，就应该在河的对岸抛树枝石块影响水势，然后用树石加固河口，损而复备，直到坚固不摧。这样，新河可成，旧河即淤。

古代开河技术的总结，远没有上升到定量的程度，但总体上是适合治河原则的。另外，在宋代还出现了疏浚泥沙的疏浚机械。

在《宋史·河渠志》中曾记载，1073年，有人发明了"铁龙爪扬泥车法"，当时所用疏浚的瓜形铁器可谓是近代疏河船的先驱。

阅读链接

《河防通议》中"闭河"一节，专门记载北宋堵口合龙的技术和过程。

书中指出，合龙前，要首先检视龙口的深阔、水流情况及土质。随后在龙口上游打星桩，然后在星桩内抛下大木巨石。

接着从两岸各进草占三道，土占两道，并在上面抛下土石包压住，闭口时同时急速抛下土包土袋。合龙后，在占前卷拦头埽压于占上，再修筑压口堤，最后在迎水处加埽护岸。

黄河南泛入淮后屡经治理

　　纵观黄河的历史，对黄河泛滥的治理，历朝历代都不及元、明、清三代的治理力度。但是当时对治理黄河没有一个正确的方针，黄河依旧泛滥，给在流域内生活的百姓造成了无比的灾难。

黄河故道

■ 黄河支流

　　到了元代，黄河在桥梁建设方面建树甚少。在明清时期，修缮和模仿成为主流，桥梁技术、结构和材料也没有多少创新。

　　1128年冬，金兵南下，南宋边防告急。同年11月，东京留守杜充决定开黄河南堤御敌，黄河从此南泛入淮，决口处大致在卫州，决水东流至梁山泊之南，主流大致沿菏水故道入泗，当时被称为"新河"。

　　金末元初的近百年间，黄河呈自然的漫流状态，没有固定的流路。1234年，黄河由河南省的杞县分为三支，以入涡一支为主流，三流并行约60余年。

　　到了1297年，黄河主流北移，北支成为主流，由徐州入泗、入淮，由济宁、鱼台等地入运河、入淮。主流北移后，1297年至1320年间，黄河自颍、涡北移，全由归德、徐州一线入泗、入淮。

　　1320年至1342年间，开封至归德段黄河也北移至豫北、鲁西南。1343年至1349年，黄河连决白茅堤，水灾遍及豫东、鲁西南、皖北，洪水夺大清河入海。

留守 隋代以后驻守京师、陪都和军事重镇，综理军、政、民、财的高级官员。古代帝王出巡或亲征时，以大臣辅太子或亲王留守京师，或称"留守"，或称"留台"，或为"居守"，无固定名称。隋炀帝杨广时，始于重要军事地点置留守，留守遂成为官名。

母亲之河

黄河文明与历史渊源

黄河支流

明成祖（1360—
1424），即朱棣，
明朝第三代皇
帝，朱元璋的第四
子。生于应天，
时事征伐，并受
封为燕王，夺位
登基。1405年，朱
棣派遣郑和下西
洋。他保卫并扩大
疆土，疏通大运
河，营建并迁都北
京，组织学者编撰
长达3.7亿字的百
科全书《永乐大
典》，堪称功绩累
累的一代雄主。

1351年，贾鲁挽河回复故道，黄河流经今封丘西南，东经长垣南15千米，东明南15千米，转东南经曹县西之白茅、黄陵冈、商丘北15千米，再东经单县南、夏邑北，再东经砀山南之韩家道口，又东经萧县、徐州北，至邳州循泗入淮。

1297至1397年的百年间，以荥泽为顶点，黄河向东成扇形泛滥，主流自南向北摆约50年。此后自北向南摆也是50年。最北流路在今黄河一带，最南流路夺颍入淮。

明清时期，美洲的农作物，如番薯、玉米、烟草等，在黄河流域迅速传播、种植和推广，这不仅丰富了黄河流域农作物的种类，而且改变了黄河流域人民的饮食结构。

自明成祖迁都北京后，直至1855年，黄河于铜瓦厢，也就是现在河南兰考东坝头附近，决口改道，这一时期治河的一条重要原则就是确保漕运的通畅。

1391年黄河南决，主流夺颍入淮。百余年间，有时分流入涡，有时走贾鲁故道，决溢地点多在开封以上。1496至1566年，人们在北岸修筑太行堤，南岸大堤也得以加固，开封附近不再决溢，决溢地点下移至兰阳、考城、曹县一带。先是黄河南移入涡、入淮，后来又渐渐北移，至徐州入运。

1558年，黄河在曹县大决，水分10余支，自徐州至鱼台散漫入鲁南运道及各个湖泊，运道大淤，黄淮合流段的淤积日益严重，下游河道不断淤高。同时，河口迅速延伸。

到了元代，人们治理黄河的技术较前代有所不同，元代贾鲁治理黄河时采取的是"疏、塞并举"的方针，即疏南河，塞北河，使复故道。

贾鲁挽河使其向南流，大致上是循1194年"灌封丘而东"的旧道，而把白茅，即黄陵冈附近至归德府哈只口90余千米作为施工的重点，使黄河合于归德故道，由徐州入泗，至清口会淮而东入于海。

在"疏"这一方面，贾鲁取得了一定的成效，但

漕运 是我国历史上一项重要的经济制度，是利用水道调运粮食的一种专业运输。是古代历代封建王朝将征自田赋的部分粮食，经水路解往京师或其他指定地点的运输方式。水路不通处辅以陆运，多用山路或人畜驮运，故合称"转漕"或"漕辇"。

■ 黄河沿岸风光

工部 古代中央官署名，为掌管营造工程事项的机关，六部之一，长官为工部尚书，曾称"冬官""大司空"等。汉代有民曹，西晋以后置田曹掌屯田，又有起部掌工程，水部掌航政及水利。隋代始设立工部，掌管各项工程、工匠、屯田、水利、交通等政令。清代工部是管理全国工程事务的机关。

他堙塞北河后不久，从1354年至1356年，连续5次河决入单州、济州、东平、东阿，向北突入清河。当时贾鲁如保留北河，以收分杀水势之效，这几次河决还是可以避免的。

贾鲁的同伴欧阳玄所写的《至正河防记》，详细而全面地叙述了筑堤、修埽、开渠等方法，这一著作也是我国古代第一本系统的水利工程著作。

明代以后，随着社会经济发展和黄河决溢灾害加重，朝廷更为重视治河，治河机构逐渐完备。明代治河，以工部为主管，总理河道直接负责，以后总理河道又加上提督军务职衔，可以直接指挥军队。沿河各省巡抚以下地方官吏，也都负有治河职责，逐步加强了下游河务的统一管理。

明代嘉靖、万历年间，潘季驯四任总河，前后十余年间，在领导治理黄河的实践中，创立了"塞旁决以挽正流"，"筑堤束水，以水攻沙"的理论。

■ 河防治理图

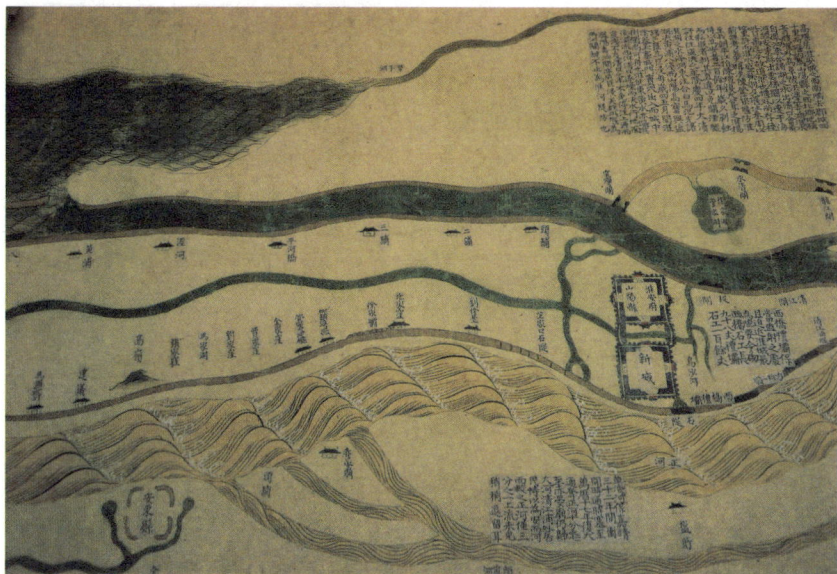
■ 河防治理图

潘季驯进一步发挥了张戎所提出的水流快自能刮除淤积的见解，强调合流以增强冲刷力量，从而达到"束水攻沙，以水治水"的目的。

潘季驯的办法主要是筑堤。堤分缕堤、月堤、遥堤、格堤4种。缕堤近河，用以约束水流，意在束水攻沙；缕堤以内又筑月堤，作为前卫，以免水流直冲缕堤，起保护缕堤的作用；缕堤之外，另筑遥堤，作为第二道防线；遥堤和缕堤之间又筑格堤，即横堤，万一缕堤发生事故，横流遇格而止，防止水流顺遥堤而下，另成河道。

潘季驯还在沿河低洼的地方，建造减水石坝，相当于现在的溢洪堰，使洪水涨到一定的高度时，通过减水坝适当宣泄到分洪区，以杀水势。潘季驯还制定了缜密的防堤制度和修守方法。

潘季驯所创造的这一套"束水攻沙，以水治水"

潘季驯（1521—1595），明代治理黄河的水利专家。世界水利泰斗。他一生中，4次治河，历时近10年，一次又一次的治黄实践，使他从一个对黄河和河工技术一无所知的人，逐步磨炼成一位治河专家，被誉为"千古治黄第一人"。

■ 蒲津浮桥遗址

的方法，合乎当时的实际需要，也合乎科学原理，因而取得了一定的成就。

黄河上最为著名的浮桥，是公元前257年，秦国为出征河东，在山西永济用竹索和木船建造的蒲津浮桥。该桥为"曲浮桥"，历尽沧桑，经过多次修固，一直沿用近千年之久。

724年，唐玄宗将此桥"以铁代竹"，两岸各铸4个几十吨重的铁牛锚住铁链，每牛有一铁人作驱策模样，以锚定约360米长的浮桥。

明穆宗隆庆年间，因黄河改道，西边的铁牛沉入河底，东边的铁牛也于清末被淤埋失踪。这一具有1200多年历史的珍贵文物经探测开挖出土，有关专家研究认为，蒲津浮桥的建桥技术和冶炼艺术，是我国乃至世界古代桥梁史上的一大奇迹。

浮桥具有架设简便、成桥迅速的优点，使之普遍被用于军事。千百年来，黄河及其支流上建过的浮桥难计其数。

明朝洪武初年，在今兰州西北建成了镇远黄河浮桥。这座浮桥一直是镇守河西走廊、连通西凉的重要枢纽。由此可见，黄河浮桥在历代政治、军事格局中的重要地位。

到了清代，朝廷也毫不松懈对黄河的治理工作。清代设有河道总督一职，河道总督的权限很大，直接受命于朝廷。

清代靳辅治河十余年，大体上沿袭潘季驯"筑堤束水，以水攻沙"的遗策，而比潘季驯有所发展。如潘季驯认为黄河入海口因潮汐往来，"无可浚之理"，靳辅在他的治河第一疏中却说："治水者必先从下流治起；下流疏通，则上流自不饱胀。"

靳辅在黄淮入海水道的清江浦、云梯关之间挑"川字河"，以浚淤筑堤。并在云梯关外筑束水堤，堤土也是从河里挑出的，把浚口、筑堤二者统一起来。他还把施工范围，扩展到潘季驯所没有达到的黄河中游河南境内，并在考城、仪封及封丘县荆隆口筑堤，治河的成效远过于潘季驯。

当时协助靳辅治河的陈潢，在实践中认识到在黄河下游束水攻沙只是治标，提出了必须从上游设法阻止泥沙的下行，但他的这一卓越见解没有被当时的人们所重视。

古代人民治理黄河虽然有许多创造，也积累了不少经验，并对下游平原地区的农业生产起了一定的保障作用。但是，在当时治河经验的成熟和效果都受到了极大的限制。

阅读链接

1855年，黄河在铜瓦厢决口后，数股漫流，其中一支出东明北经濮阳、范县，至张秋穿运入大清河，于利津牡蛎嘴入海，逐渐形成了后来的黄河河道。

黄河决口经过了约20年的漫流期，清朝廷才劝谕各州县自筹经费，在新河两岸顺河修堤，以防漫淹。1875年，正式开始修官堤，历时10年，新河堤防才陆续建立起来。

纵观治理黄河的历史，所谓"治河"只局限于黄河下游，而且主要是被动地防御洪灾。但是，悠久的治河历史，留下了浩繁的文献典籍，为世界上其他河流所罕见，是见证中华民族文明发展的一份珍贵的遗产。

大迁徙把黄河文化传播各地

　　黄河中下游平原是中华民族的发源地。从秦汉时期开始，我国人口就由黄河中下游平原向四周扩散，重点是向长江流域和珠江流域扩散。我国人口地区分布的中心首次由黄河流域移到了长江流域。

人口迁徙场景

■ 移民泥塑

两宋时期，北民的进一步南迁，南方经济在我国经济中的地位，已经超过了北方，对朝廷的财政收入起着重要作用，表明我国古代经济重心南移的进程最终完成。

滔滔黄河给流域内的居民带来繁荣富庶的同时，也给百姓带来过无数次的灾难。但是，黄河的泛滥也推进了另一壮观的现象，那就是人口大迁徙。

黄河流域的人口两次大迁徙，促进了各民族文化的发展和融合，同时也使我国人口分布趋于平衡，经济进一步协调发展。

第一次大规模的人口大迁徙是走西口。

走西口的现象大约是从明代中期开始，规模最大时是出现于明末清初，一直持续到清朝末年。这个时期走西口的人口数量最大，前后经历了大约300年。

走西口的主要是山西人，陕西、河北也有一些居

西口 即杀虎口，是雁北外长城最重要的关隘之一。位于晋北与内蒙古的边缘，是内蒙古南下山西中部或下太行山所必经的地段，自古便是南北重要通道，至今大同至呼和浩特的公路，仍经由此地；况且杀虎口东依塘子山，西傍大堡山，在两山夹峙之中，有苍头河纵贯南北，形成约有1.5千米宽的河谷开阔地。

票号 山西商人资本中的货币经营资本形式中最著名的一种。票号又叫"票庄"或"汇兑庄",是一种专门经营汇兑业务的金融机构。关于票号的产生,说法不一,多数学者认为,是在清代产生的。主要原因是由于社会商品经济的发展对货币金融提出了新的要求,运现已不适应货币交割需要。

民涌入走西口的大潮。在当时,山西人很贫穷,其穷困的原因是因为山西的自然条件恶劣。

清朝时山西一个读书人,在谈到山西时曾痛心疾首地说:

> 无平地沃土之饶,无水泉灌溉之益,无舟车渔米之利,乡民唯以垦种上岭下坂,汗牛痛仆,仰天续命。

"汗牛痛仆"的意思就是说牛已经累得浑身大汗了,主人仍要使劲抽赶。

在传统社会中,耕牛对于农民来说,不仅是家里最值钱的家当,还是他们劳作的伙伴。不到万不得已,不会这样拼命使唤。但是,即使拼命地干,田里产出的粮食仍不够糊口。

山西不但是土地贫瘠,而且自然灾害频繁。在清朝300多年的时间里,山西全省的灾害就达100多次,平均3年一次,其中最长的一次旱灾长达11年。

据官方统计,死于这

■ 杀虎口

■ 杀虎口遗址

次灾荒的山西人超过了300万。与其眼睁睁挨饿坐以待毙，不如走出去，也许能闯出一条活路。于是便有了山西人走西口。

山西人不去其他地方，而是选择走西口，有其历史原因。当时，这一带来往的客商很多，最终促进了这个地方一度的商业繁荣。

一部分人走西口，就是为了适应这种要求，到口外发展商业，发展贸易，以至后来票号建立。所以，西口之外的异地他乡，反倒成了晋商的发祥地。

西口特指山西右玉县与内蒙古交界处的杀虎口，明朝时称"杀胡口"，清代改名为"杀虎口"并沿用至今。因为杀虎口位于长城的另一要塞张家口以西，所以就有了"东有张家口，西有杀虎口"的说法。

山西土地贫瘠，十年九旱，流民到内蒙古河套一带谋生，大都走杀虎口这条路径，方位是由东往西，这也是杀虎口成为"西口"的一个重要依据。当然，

长城 我国古代在不同时期为抵御塞北游牧部落联盟侵袭而修筑的规模浩大的军事工程的统称。长城东西绵延上万华里，因此又称作"万里长城"。长城建筑于春秋战国时代，现存的长城遗迹主要是明长城，总长为8800多千米。长城是我国古代劳动人民创造的伟大奇迹，被列为中古世界七大奇迹之一。

■ 惜别故乡场景

"西口"亦有广义的理解，它泛指通往塞外草原的长城诸关卡要隘，此种观点似乎更为民间所认同。

西口还有旱西口、水西口之分。杀虎口等长城关隘是旱西口，而地处晋陕内蒙古交会处的山西河曲，是走西口的水路码头，故称"水西口"，河曲至今仍保留着"西口古渡"这一历史遗迹。

走西口的路上充满了血泪与艰辛。山西人在民歌里凄惨地唱道："自古那个黄河向东流，什么人留下个走西口？"

这无疑是当年走西口人们的哀怨心声。他们为了谋生，不得不背井离乡，泪别父母妻儿，远走异地过着孤苦艰辛的日子，更有留在家乡的父母妻儿，难免心中充满悲伤。

当时，因走西口在内蒙古定居的河曲人就达20万之多。就这样，一代又一代的山西人走西口，走出了一部苦难史，也走出了一批历经磨炼而精明强干的晋商来。

如乔家大院的主人，在鼎盛时期一度垄断了包头的一切贸易经营活动。而乔家由寒酸贫困通往大财大富的发展道路，就是由先祖乔贵发走西口开始的。

辛酸的闯荡过程，生死贫富不同的结局，写就了黄河人放下一切走西口的历史，也写下了黄河儿女对命运不屈不挠的勇敢抗争。

另一次规划庞大的人口大迁徙，便是闯关东。

关东是指以吉林、辽宁、黑龙江等地为主的东北地区，因这一地区处在山海关以东，故名"关东"。

清代前期东北三省是设禁的，前往关东要"闯"，因为那是越轨犯禁的行为。"闯关东"的流民，以山东、河北、河南、山西和陕西人为多，又以山东人为最。

"闯关东"被世人视为"人类有史以来最大的人口移动之一"，是"全部近代史上一件空前的壮举"。"闯关东"浪潮持续了数百年，是有其深刻的历史渊源的。

■ 闯关东雕塑

闯关东雕塑

    "安土重迁"是我国农民的特性，山东作为孔孟之乡，这种特性更是根深蒂固。可是山东人不顾一切"闯关东"之举，原因有很多，其中主要有两点。

    一是人口压力。山东地少人稠，人满为患，自清代中叶以来日渐严重，"农村人口过剩，不待凶年，遂有离乡觅食，漂流各处，山东地狭民稠，其例尤著"。

    山东农民经营的面积过小、分割过多的土地，为促进农民离村的根本原因之一。显然，"人口压力流动律"在山东农民"闯关东"流向中发挥着持久的作用。

    二缘由是天灾人祸。铜瓦厢以上的河道因溯源冲刷，河床下降。在黄河改道初期，黄河决溢多发生在山东境内。

    据统计，山东在清代268年历史中，曾出现旱灾233次，涝灾245次，黄河、运河洪灾127次，潮灾45次。除仅有两年无灾外，每年都有程度不等的水旱灾害。这种灾害的多发性和严重性令人震惊。

而关东，地广人稀，沃野千里，对流民来说，具有强大的吸引力。且关东、山东比邻，或徒步，或泛海，均极便利，"闯关东"自然是山东流民的首选。

1860年，山海关的大门敞开了，流民如怒潮一般涌到关东。他们通过海路、陆路，经历了千辛万苦，来到关东，垦荒种地。

据资料记载，当时77%的流民流向关东后志在农业。流民大量流向关东，推动了关东地区工商业的发展和城市化进程，也把先进的黄河文化带到了关东。

随着关东的开放，工商业也发展起来，城市化进程加快，流民无论是务工还是经商，都比较容易谋到营生的职业，这对流民同样具有吸引力。

"东三省，钱没腰"，这句广为流传的口头禅，

■ 闯关东雕塑

《禹贡》是《尚书》中的一篇，是战国时魏国的人士托名大禹的著作，因而就以《禹贡》名篇。是撰著人士设想在当时诸侯称雄的局面统一之后所提出的治理国家的方案。《禹贡》全书分5部分，共1100多字，以自然地理实体为标志，将全国划分为9个区，并对各区做了简要的描述。

使人相信关东有着无限的谋生机遇。只要有"闯"的精神，不愁没有碗饭吃。

"闯关东"之风由来已久，这种"由来已久"，使"闯关东"逐渐演变成为具有"山东特色"的地区文化传统。

流民如潮水般涌向关东，无论他们务农、务工经商，还是伐木筑路，都为关东的开发做出了不可磨灭的贡献。

关东地广人稀，"闯关东"浪潮不仅使关东地区"人稀"的面貌得到改观，与全国人口分布趋于平衡，而且肥沃的黑土地得到开发，耕地面积处于不断增长之中。

工商业的发展和城市化进程的加快，反过来成为吸引流民的条件，互为因果的关系是显而易见的。"闯关东"浪潮，有力地促进了民族间的文化交流与融合。这样，一种脱胎于中原文化和关东文化的新型区域文化——新型关东文化逐渐形成。

欣逢盛世，走西口、闯关东的历史已经一去不复返了，但走西口、闯关东的文化内涵却传承了下来，那就是不屈不挠、艰苦创业的民族精神，是激励后人奋发图强的一笔宝贵的精神财富。

阅读链接

过去，在胶东有些地区，几乎村村、户户都有"闯关东"的人，甚至村里青年人不去关东闯一闯就被乡人视为没出息。"闯关东"作为一种社会生活习俗而被广泛接受，这不能不说是一种文化现象了。

"闯关东"持久而普遍，意味着血缘、地缘关系的延伸和社会关系的扩大。

关东是山东人的第二故乡，那里有他们的父老乡亲。一旦生活发生困难或遭遇天灾人祸，山东人便首先想到"闯关东"，投亲觅友，以求接济。

中华精神家园书系

建筑古蕴
壮丽皇宫：三大故宫的建筑壮景
宫殿怀古：古风犹存的历代华宫
古都遗韵：古都的厚重历史遗韵
千古都城：三大古都的千古传奇
王府胜景：北京著名王府的景致
府衙古影：古代府衙的历史遗风
古城底蕴：十大古城的历史风貌
古镇奇葩：物宝天华的古镇奇观
古村佳境：人杰地灵的千年古村
经典民居：精华浓缩的最美民居

古建之魂
千年名刹：享誉中外的佛教寺院
天下四绝：佛教的海内四大名刹
皇家寺院：御赐美名的著名古刹
寺院奇观：独特文化底蕴的名刹
京城宝刹：北京内外八刹与三山
道观杰作：道教的十大著名宫观
古塔瑰宝：无上玄机的魅力古塔
宝塔珍品：巧夺天工的非常古塔
千古祭庙：历代帝王庙与名臣庙

古建涵蕴
天下祭坛：北京祭坛的绝妙密码
祭祀庙宇：香火旺盛的各地神庙
绵延祠庙：传奇神人的祭祀圣殿
至圣尊崇：文化浓厚的孔孟祭地
人间天宫：非凡造诣的妈祖庙宇
祠庙典范：最具人文特色的祭祠
绝代王陵：气势恢宏的帝王陵园
王陵雄风：空前绝后的地下城堡
大宅揽胜：宏大气派的大户宅第
古街韵味：古色古香的千年古街

古建风雅
皇家御苑：非凡胜景的皇家园林
非凡胜景：北京著名的皇家园林
园林精粹：苏州园林特色与名园
秀美园林：江南园林特色与名园
园林千姿：岭南园林特色与名园
雄丽之园：北方园林特色与名园
亭台情趣：迷人的典型精品古建
楼阁雅韵：神圣典雅的古建象征
三大名楼：文人雅士的汇聚之所
古建古风：中国古典建筑与标志

文化遗迹
远古人类：中国最早猿人及遗址
原始文化：新石器时代文化遗址
王朝遗韵：历代都城与王城遗址
考古遗珍：中国的十大考古发现
陵墓遗存：古代陵墓与出土文物
石窟奇观：著名石窟与不朽艺术
石刻神工：古代石刻与文化艺术
岩画古韵：古代岩画与艺术特色
家居古风：古代建材与家居艺术
古道依稀：古代商贸通道与交通

物宝天华
青铜时代：青铜文化与艺术特色
玉石之国：玉器文化与艺术特色
陶器寻古：陶器文化与艺术特色
瓷器故乡：瓷器文化与艺术特色
金银生辉：金银文化与艺术特色
珐琅精工：珐琅器与文化之特色
琉璃古风：琉璃器与文化之特色
天然大漆：漆器文化与艺术特色
天然珍宝：珍珠宝石与艺术特色
天下奇石：赏石文化与艺术特色

古迹奇观

玉宇琼楼：分布全国的古建筑群
城楼古景：雄伟壮丽的古代城楼
历史开关：千年古城墙与古城门
长城纵览：古代浩大的防御工程
长城关隘：万里长城的著名关卡
雄关漫道：北方的著名古代关隘
千古要塞：南方的著名古代关隘
桥的国度：穿越古今的著名桥梁
古桥天姿：千姿百态的古桥艺术
水利古貌：古代水利工程与遗迹

山水灵性

母亲之河：黄河文明与历史渊源
中华巨龙：长江文明与历史渊源
江河之美：著名江河的文化源流
水韵雅趣：湖泊泉瀑与历史文化
东岳西岳：泰山华山与历史文化
五岳名山：恒山衡山嵩山的文化
三山美名：三山美景与历史文化
佛教名山：佛教名山的文化流芳
道教名山：道教名山的文化流芳
天下奇山：名山奇迹与文化内涵

自然遗产

天地厚礼：中国的世界自然遗产
地理恩赐：地质蕴含之美与价值
绝美景色：国家综合自然风景区
地质奇观：国家自然地质风景区
无限美景：国家自然山水风景区
自然名胜：国家自然名胜风景区
天然生态：国家综合自然保护区
动物乐园：国家动物自然保护区
植物王国：国家保护的野生植物
森林景观：国家森林公园大博览

西部沃土

古朴秦川：三秦文化特色与形态
龙兴之地：汉水文化特色与形态
塞外江南：陇右文化特色与形态
人类敦煌：敦煌文化特色与形态
巴山风情：巴渝文化特色与形态
天府之国：蜀文化的特色与形态
黔风贵韵：黔贵文化特色与形态
七彩云南：滇云文化特色与形态
八桂山水：八桂文化特色与形态
草原牧歌：草原文化特色与形态

东部风情

燕赵悲歌：燕赵文化特色与形态
齐鲁儒风：齐鲁文化特色与形态
吴越人家：吴越文化特色与形态
两淮之风：两淮文化特色与形态
八闽魅力：福建文化特色与形态
客家风采：客家文化特色与形态
岭南灵秀：岭南文化特色与形态
潮汕之根：潮州文化特色与形态
滨海风光：琼州文化特色与形态
宝岛台湾：台湾文化特色与形态

中部之魂

三晋大地：三晋文化特色与形态
华夏之中：中原文化特色与形态
陈楚风韵：陈楚文化特色与形态
地方显学：徽州文化特色与形态
形胜之区：江西文化特色与形态
淳朴湖湘：湖湘文化特色与形态
神秘湘西：湘西文化特色与形态
瑰丽楚地：荆楚文化特色与形态
秦淮画卷：秦淮文化特色与形态
冰雪关东：关东文化特色与形态

节庆习俗

普天同庆：春节习俗与文化内涵
张灯结彩：元宵习俗与彩灯文化
寄托哀思：清明祭祀与寒食习俗
粽情端午：端午节与赛龙舟习俗
浪漫佳期：七夕节俗与妇女乞巧
花好月圆：中秋节俗与赏月之风
九九踏秋：重阳节俗与登高赏菊
千秋佳节：传统节日与文化内涵
民族盛典：少数民族节日与内涵
百姓聚欢：庙会活动与赶集习俗

民风根源

血缘脉系：家族家谱与家庭文化
万姓之根：姓氏与名字号及称谓
生之由来：生庚生肖与寿诞礼俗
婚事礼俗：嫁娶礼俗与结婚喜庆
人生遵俗：人生处世与礼俗文化
幸福美满：福禄寿喜与五福临门
礼仪之邦：古代礼制与礼仪文化
祭祀庆典：传统祭典与祭祀礼俗
山水相依：依山傍水的居住文化

衣食天下

衣冠楚楚：服装艺术与文化内涵
凤冠霞帔：佩饰艺术与文化内涵
丝绸锦缎：古代纺织精品与布艺
绣美中华：刺绣文化与四大名绣
以食为天：饮食历史与筷子文化
美食中国：八大菜系与文化内涵
中国酒道：酒历史酒文化的特色
酒香千年：酿酒遗址与传统名酒
茶道风雅：茶历史茶文化的特色

国风美术

丹青史话：绘画历史演变与内涵
国画风采：绘画方法体系与类别
独特画派：著名绘画流派与特色
国画瑰宝：传世名画的绝色魅力
国风长卷：传世名画的大美风采
艺术之根：民间剪纸与民间年画
影视鼻祖：民间皮影戏与木偶戏
国粹书法：书法历史与艺术内涵
翰墨飘香：著名书法名作与艺术
行书天下：著名行书精品与艺术

汉语之魂

汉语源流：汉字汉语与文章体类
文学经典：文学评论与作品选集
古老哲学：哲学流派与经典著作
史册汗青：历史典籍与文化内涵
统御之道：政论专著与文化内涵
兵家韬略：兵法谋略与文化内涵
文苑集成：古代文献与经典专著
经传宝典：古代经传与文化内涵
曲苑音坛：曲艺演唱项目与艺术
曲艺奇葩：曲艺伴奏项目与艺术

博大文学

神话魅力：神话传说与文化内涵
民间相传：民间传说与文化内涵
英雄赞歌：四大英雄史诗与内涵
灿烂散文：散文历史与艺术特色
诗的国度：诗的历史与艺术特色
词苑漫步：词的历史与艺术特色
散曲奇葩：散曲历史与艺术特色
小说源流：小说历史与艺术特色
小说经典：著名古典小说的魅力

歌舞共娱
古乐流芳：古代音乐历史与文化
钧天广乐：古代十大名曲与内涵
八音古乐：古代乐器与演奏艺术
鸾歌凤舞：古代大曲历史与艺术
妙舞长空：舞蹈历史与文化内涵
体育古项：体育运动与古老项目
民俗娱乐：民俗运动与古老项目
刀光剑影：器械武术种类与文化
快乐游艺：古老游艺与文化内涵
开心棋牌：棋牌文化与古老项目

科技回眸
创始发明：四大发明与历史价值
科技首创：万物探索与发明发现
天文回望：天文历史与天文科技
万年历法：古代历法与岁时文化
地理探究：地学历史与地理科技
数学史鉴：数学历史与数学成就
物理源流：物理历史与物理科技
化学历程：化学历史与化学科技
农学春秋：农学历史与农业科技
生物寻古：生物历史与生物科技

文化标记
龙凤图腾：龙风崇拜与舞龙舞狮
吉祥如意：吉祥物品与文化内涵
花中四君：梅兰竹菊与文化内涵
草木有情：草木美誉与文化象征
雕塑之韵：雕塑历史与艺术内涵
壁画遗韵：古代壁画与古墓丹青
雕刻精工：竹木骨牙角匏与工艺
百年老号：百年企业与文化传统
特色之乡：文化之乡与文化内涵

杰出人物
文韬武略：杰出帝王与励精图治
千古忠良：千古贤臣与爱国爱民
将帅传奇：将帅风云与文韬武略
思想宗师：先贤思想与智慧精华
科学鼻祖：科学精英与求索发现
发明巨匠：发明天工与创造英才
文坛泰斗：文学大家与传世经典
诗神巨星：天才诗人与妙笔华篇
画界巨擘：绘画名家与绝代精品
艺术大家：艺术大师与杰出之作

戏苑杂谈
梨园春秋：中国戏曲历史与文化
古戏经典：四大古典悲剧与喜剧
关东曲苑：东北戏曲种类与艺术
京津大戏：北京与天津戏曲艺术
燕赵戏苑：河北戏曲种类与艺术
三秦戏苑：陕西戏曲种类与艺术
齐鲁戏台：山东戏曲种类与艺术
中原曲苑：河南戏曲种类与艺术
江淮戏话：安徽戏曲种类与艺术

千秋教化
教育之本：历代官学与民风教化
文武科举：科举历史与选拔制度
教化于民：太学文化与私塾文化
官学盛况：国子监与学宫的教育
朗朗书院：书院文化与教育特色
君子之学：琴棋书画与六艺课目
启蒙经典：家教蒙学与文化内涵
文房四宝：纸笔墨砚及文化内涵
刻印时代：古籍历史与文化内涵
金石之光：篆刻艺术与印章碑石

悠久历史
古往今来：历代更替与王朝千秋
天下一统：历代统一与行动韬略
太平盛世：历代盛世与开明之治
变法图强：历代变法与图强革新
古代外交：历代外交与文化交流
选贤任能：历代官制与选拔制度
法治天下：历代法制与公正严明
古代税赋：历代赋税与劳役制度
三农史志：历代农业与土地制度
古代户籍：历代区划与户籍制度

信仰之光
儒学根源：儒学历史与文化内涵
文化主体：天人合一的思想内涵
处世之道：传统儒家的修行法宝
上善若水：道教历史与道教文化

梨园谱系
苏沪大戏：江苏上海戏曲与艺术
钱塘戏话：浙江戏曲种类与艺术
荆楚戏台：湖北戏曲种类与艺术
潇湘梨园：湖南戏曲种类与艺术
滇黔好戏：云南贵州戏曲与艺术
八桂梨园：广西戏曲种类与艺术
闽台戏苑：福建戏曲种类与艺术
粤琼戏话：广东戏曲种类与艺术
赣江好戏：江西戏曲种类与艺术

传统美德
君子之为：修身齐家治国平天下
刚健有为：自强不息与勇毅力行
仁爱孝悌：传统美德的集中体现
谦和好礼：为人处世的美好情操
诚信知报：质朴道德的重要表现
精忠报国：民族精神的巨大力量
克己奉公：强烈使命感和责任感
见利思义：崇高人格的光辉写照
勤俭廉政：民族的共同价值取向
笃实宽厚：宽厚品德的生活体现

历史长河
兵器阵法：历代军事与兵器阵法
战事演义：历代战争与著名战役
货币历程：历代货币与钱币形式
金融形态：历代金融与货币流通
交通巡礼：历代交通与水陆运输
商贸纵观：历代商业与市场经济
印纺工业：历代纺织与印染工艺
古老行业：三百六十行由来发展
养殖史话：古代畜牧与古代渔业
种植细说：古代栽培与古代园艺

强健之源
中国功夫：中华武术历史与文化
南拳北腿：武术种类与文化内涵
少林传奇：少林功夫历史与文化